海外で働こう

世界へ飛び出した日本のビジネスパーソン

25人のアブローダーズ

挑戦篇

アブローダーズ事務局 事務局長
西澤 亮一

現在、アジアで活躍している日本人。
将来、アジアに羽ばたくことを目指す日本人。

ABROADERS

GENTOSHA
幻冬舎

はじめに

この本は、アジアを中心として海外ビジネスに積極的に取り組んでいる、今後日本を代表するであろう経営者25人にインタビューを行い、海外を目指した理由や海外ビジネスの課題と可能性、醍醐味や苦労、現地の実情や国民性などについて、語ってもらったものです。

執筆のきっかけは、私自身が数年前から海外ビジネスに取り組む中での、「日本を良くしたい！　日本を強くしたい！　日本を変えたい！」という想いと、日本人の誇りを胸に秘めながら異国の地で活躍している人びととの幾多の出会いでした。

また、日本企業の海外展開への考え方が変わってきたことも、見逃せません。ほんの数年前まで、海外展開といえば、安価な労働力を求めて生産拠点を移す動きが大勢を占めていましたが、近年は、アジア各国における所得水準の拡大を受け、新たな消費マーケットとしての期待が高まっています。

こうした流れを受け、製造業中心であった日本企業の海外展開に、飲食業やITサービス関連業、進出支援コンサルティングといったサービス業が加わり、その担い手は、大手企業やその下請企業ではなく、新興企業が中心となっています。日本企業による海外展開は、新しい段階に入ったのです。

登場する25人は大きく二つに分類できます。一つは、海外に自ら移住し、現地に溶け込む努力をしながら、マーケット開拓に挑んでいるケース。もう一つは、本社を日本に置きつつ、拠点を世界中に展開しているケースです。また、既に会社を上場させている方もいれば、現地で少数精鋭のコンサルティングビジネスを手がけている方もいます。今回は彼らと会うために、日本からタイ、カンボジア、シンガポール、インドネシア、フィリピンまでを旅し、現地の熱気やパワーを肌で感じながら、お話を伺ってきました。

印象的だったのは、彼らが口を揃《そろ》えて、「海外事業は面白い」と言うことです。

確かに日本の国内マーケットは、どの業種も既に競争が激しいうえ、少子高齢化に伴い、収縮の一途を辿《たど》っています。一方アジア各国では、まだ競合がない、今後の成長が見込める〝ブルーオーシャン〟もたくさんあります。右肩上がりの成長を信じられる現地の人たちも希望にあふれ、エネルギッシュです。その場にいれば、日本では味わえないワクワク感をカラダいっぱいに感じられるのですから、事業が面白くて当然なのです。

そんな彼らのことを、私は、『Abroaders（アブローダーズ）』と名づけました。Abroadersとは、「海外」を意味する「Abroad」と、「人」を表す「er」をつなげた造語で、海外に目を向けて飽くなき挑戦をしている人びと全般を指します。

将来的な海外展開を視野に入れながら、現在は国内の足場固めに努めている経営者も、海外勤務を目指して、海外進出に積極的な企業への就職を考えている若者も、みんなが「Abroaders予備軍」。そして、無意識にこの本を手にして、こうして読んでくださっているあなたも、もう紛れもない予備軍なのです。

この本に登場いただくAbroadersは、業種、ビジネスモデル、企業規模、強み、性別も、実にバラエティ豊か。全員に共通していることは、海外展開において既に一定の成果を出し、そして何よりも、公私ともに人生を謳歌しているという点です。

海外で働く方はもちろん、「いつか自分も海外で」と日本国内でチャンスをうかがっている方も、25通りのストーリーの中に、学びや気付き、共感を得られるものがきっと見つかるはずです。どうか、自分には縁の遠い、海の向こうのお話で終わらせることなく、あなた自身が海外に飛び込んだときのことをイメージしながら読み進めてみてください。

この本がきっかけになって、新たなAbroadersが続々と誕生するようなことになれば、これに勝る喜びはありません。そしてもし海外で、私に会うことがあれば、「海外に飛び出すきっかけは、あの本を読んだことなんです」とぜひ教えてください。その日が来ることを、心から楽しみにしています。そして、あなたの人生において少しでもプラスの影響を提供できれば、この上ない喜びであります。あなたがAbroadersとして世界で活躍していくことを、心より応援しています。

海外で働こう 世界へ飛び出した日本のビジネスパーソン

はじめに　3

発刊によせて

原丈人 DEFTA PARTNERS（デフタ・パートナーズ）グループ会長　アライアンス・フォーラム財団代表理事
日本人だからこそできるビジネスのやり方がある　14

小渕宏二 CROOZ株式会社　代表取締役社長
世界から「外貨」と「誇り」の両方を手に入れたい　24

米山久 株式会社エー・ピーカンパニー　代表取締役社長
アジアで自分たちが提供できる価値を見極めたい　34

阪根嘉苗 アジアンブリッジ株式会社 代表取締役
日本と台湾の架け橋になる。それが私の使命 44

佐野健一 株式会社ビジョン 代表取締役社長
国境の壁は、思っているほど高くも険しくもない 54

河野貴輝 株式会社ティーケーピー 代表取締役社長
アジアはもはや海外にあらず 64

間下直晃 株式会社ブイキューブ 代表取締役社長
日本企業ならではの強みを意識しながら、アジアで戦う 74

河端伸一郎 株式会社インタースペース 代表取締役社長
アジアなら、ベンチャー企業も一国の発展に寄与できる 84

高橋良太 株式会社サウザンドクレイン 代表取締役社長
収縮する国内市場への強い危機感が自然と海外に向かわせた 94

谷孝大 株式会社フューチャースピリッツ 代表取締役
世界に出る理由は「そこにお客様がいるから」 104

佐久間将司 EMZ株式会社 代表取締役社長 EMZ税理士法人 代表社員 公認会計士・税理士
日本を出たときこそ、日本人のアイデンティティーを忘れない 114

坂本幸蔵 株式会社リッチメディア 代表取締役社長（CEO）
海外でこそ、強い信念を持って自分の足で動く 124

秋山勝 株式会社ベーシック 代表取締役
海外への挑戦を助けるために自分たち自身がまず挑戦する 134

柴崎洋平
世界を相手に、人のやっていないことをやりたい　144
フォースバレー・コンシェルジュ株式会社 代表取締役社長

東俊輔
社会性の高いビジネスは、世界でも受け入れられる　154
株式会社CLOCK・ON 代表取締役

寺田未来
フィリピンは女性が活き活きと働ける国　164
Teradatrust Advisory, Inc. 代表取締役

千葉栄一
日本人にとって最大の弱点「英語」の克服に貢献したい　174
Japan Intertrade Callcenter Corporation CEO

桃井純
アジアのITマーケットを目指すインドネシアに商機あり！　184
アジアクエスト株式会社 代表取締役

榎原良樹 PT MicroAd Indonesia COO
これからのアジアにはバランス型リーダーが必要 194

小椋啓太 ACC Factory Pte. Ltd. General Manager
日本人らしさが、日本人の付加価値となる 204

木島洋嗣 統括・ハブ機能研究所所長 Tree Islands Singapore Pte. Ltd. 代表取締役社長
市場が変われば、本社の所在地も変わるべき 214

黒川治郎 HUGS Co., Ltd. 代表取締役
人との出会いから生まれるビジネスは楽しい 224

野中遼 Nonaka Precision 代表取締役
海外にいる日本人は日本人に対してとても優しい 234

中島奉文 株式会社クリスク 取締役会長兼 Clisk Thailand CEO
現地スタッフとのコミュニケーションは対日本人以上に密接に 244

玄君先 EntreHub 代表
海外でのオフィス賃料はその国でビジネスを始める〝入学金〟 254

小田原靖 Personnel Consultant Manpower (Thailand) Co., Ltd. 代表取締役社長
途中でやめなかったからこそ、今がある 264

あとがき 274

インタビュアー／垣畑光哉
装丁／石川直美（カメガイ デザイン オフィス）
写真／髙橋亘
ヘアメイク／横尾サチ 長田恵子 豊田千恵 中山芽美
編集協力／福岡真理子 野﨑奈美 太田奈緒 長谷川嘉
DTP／美創

日本人だからこそ
できるビジネスのやり方がある

発刊によせて

原 文人

George Hara

DEFTA PARTNERS(デフタ・パートナーズ)グループ会長
アライアンス・フォーラム*財団代表理事

*国連経済社会理事会特別諮問機関
公職(現職):内閣府本府参与・経済財政諮問会議専門調査会会長代理

1952年大阪府生まれ。
20代は中央アメリカの考古学研究に従事。のちスタンフォード大学経営学大学院へ入学、同大学工学部大学院修了(工学修士)。在学中に光ファイバー事業を起こし成功。1984年デフタ・パートナーズ創業、以後ベンチャーキャピタリストに転じ、マイクロソフトと覇を競ったボーランドなど、多くのベンチャー企業を育成。2005年バングラデシュのNGO団体であるBRACとの合弁会社・ブラックネット社を設立。国連政府間機関特命全権大使、米国共和党ビジネス・アドバイザリー・カウンシル名誉共同議長、ザンビア共和国大統領顧問、日本国首相諮問機関の政府税制調査会特別委員、財務省参与などを歴任。著書に『21世紀の国富論』(平凡社)、『新しい資本主義』(PHP新書)、『誰かを犠牲にする経済は、もういらない』(ウェッジ)、『増補 21世紀の国富論』(平凡社)。

Contact

〒103-0021
東京都中央区日本橋本石町4-4-20　三井第二別館7階
URL : http://www.allianceforum.org/

日本人だからこそできるビジネスのやり方がある

英米型の株主資本主義では、人びとを幸せにできない

近年、アジアで仕事を見つけたり、自ら起業する若者が増えています。これはとてもよいことであり、時代の必然です。若い人にはアジアのみならず、アフリカやラテンアメリカの国々にも目を向けていただきたい。なぜなら、そこに地球世界の未来があるからです。現在、世界に占める発展途上国の人口割合は増加の一途を辿り、２０５０年には世界人口全体の85％以上を途上国の人びとが占めるようになります。これでは、東京やニューヨーク、ロンドンにオフィスを構えたとしても、わずか15％未満の人を相手にしたビジネスしか行えません。どう考えても、今後は途上国を視野に入れなければ、世界を相手にしたとはいえません。

発展途上国でビジネスを始める際には、ぜひ意識しておきたいことがあります。それは「米国流の物まねをしたビジネスルールを正しいものと信じてはいけない。途上国世界には、日本人だからこそできるビジネスのやり方がある」ということです。

現在、英米のビジネス界は、「企業は株主のものであり、経営陣、取締役会の使命は、株主の利益を最短の時間で最大にすること」という、株主資本主義の考え方に支配されています。そこでは、顧客や従業員、仕入れ先、地域社会といった、株主以外のステークホルダーの存在は置き去りにされます。時間をかけずにリターンを出すことを優先し、研究開発や製造など、時間のかかることをよしとはしません。その結果、お金をお金で回す、手っ取り早く儲かるビジネスモデルに行き着きます。株主資本主義の成れの果ては金融資本主義なのです。ところが、金融資本主義はお金がぐるぐる回るだけで新しい価値を生みません。これをゼロサムゲームと呼びます。100人がそれぞれ1万円を出し合ってじゃんけんをすれば、あっという間に勝負はついて100万円を手にする一人の勝者と、99人の敗者が生まれる。ゼロサムゲームは、貧富の二極分化も引き起こします。最近、金融ゲームを盛んに起こした末にバブルが弾け、金融危機に陥った国々で貧富の差が拡大しているのには、そんな理由があるのです。

こうした株主資本主義の企業が発展途上国に進出した場合、何が起きるでしょうか。ある外国企業が途上国の豊富な鉱山資源を所有する国営企業に目をつけたとします。世界銀行など、アメリカ流資本主義を途上国でルール化しようとする波には逆らえず、国有企業は民営化されます。英米やユダヤの新会社の持ち主は、極限まで経営効率を求め、従業員は大幅に減らされます。生産性は上がり、輸出や国民総生産額は統計上、上向くでしょう。しかし、利益の多くは株主である外国企業に持っていかれるので、その国の人たちを豊かにすることにはつながりません。むしろ疲弊させるだけです。豊富な鉱山資源を利用して豊かになれるのは、外国企業の株主と経営陣だけなのです。

昨今は英米流のビジネススクールで学んだ人たちが「会社は株主のもの。経営陣の使命はなるべく短期で株主利益を最大にすること」と刷り込まれてしまうことも多いのですが、この考え方はだんだん通用しなくなります。これからは、経営陣（取締役会）は、従業員、顧客、取引先、地域社会、地球、株主など、会社を構成するすべての社中「ステークホルダー」に対して利益を還元することが使命であるという思想が世界に広がります。

アメリカン航空で起きた実例を紹介しましょう。２００８年、経営危機に瀕した同社は、客室乗務員に対し３４０億円の給与削減を求めました。不況下で会社がつぶれては元も子もないと考えた従業員がこれを受け入れた結果、経営陣は２００億円のボーナスを受け取りました。社外取締役もコーポレートガバナンスに反しているとは指摘しませんでした。

こうした英米流のビジネスの在り方が本当に正しいものでしょうか。日本人なら従業員が給与削減を受け入れたのだから、経営陣はさらなる報酬の削減で痛みを分かち合い、苦境を乗り越えるべきだと言います。公益資本主義のセンスを多くの人たちが持っています。英米は違います。会社は株主のものだから、従業員の給与という、会社にとって毎年続く負担をカットして経営状態を改善してくれた経営陣が、ボーナス報酬を受け取るのは当然だと考えるのです。あなたはどう考えますか。

貧困問題を解決する、公益資本主義ビジネスモデル

自分たちが発展途上国で手がけた事業が、十分な教育や医療を受けられずにいた貧困層を救い、ビジネスとしても成功したとします。従業員にとって、それは社会貢献につながる仕事に関わっているという誇りとなり、働く意欲になります。さらに、その事業が貧困層を中間層に引き上げれば、国の経済発展にも寄与することになります。

私自身も公益資本主義の考え方を世界に広めることを意識しながら、ビジネスを行っています。その一つが、アジアの最貧国バングラデシュで最大のNGOであるバングラデシュ農村向上化委員会（BRAC）と、私が代表を務めるデフタ・パートナーズが共同出資で設立した通信事業会社ブラックネット（bracNet）の取り組みです。

バングラデシュでは教師の数が不足していることから、初等教育も受けられず、読み書きができない人も大勢います。教育水準の低さが貧困の一因になっているのです。そこで私たちは、寄付に頼ることなく、医師や教師がいない地方の人をインターネットでつなぐことができないかと考えました。まず2005年当時、最先端の無線通信技術であるWiMAXをバングラデシュ全域に普及させることを目指しました。最新技術を使った都市部の事業で捻出した資金により農村部を接続するのです。結果としてバングラデシュ全土の64地区にインターネット接続網を設置し、今までインターネットがつながらなかった貧しい農村部の学校やクリニックも通信ができるようになりました。

また、私が発案したこのモデルは、営利事業を行う民間事業会社と公益事業を行うNGOとの合弁という形を取ることで、途上国支援において理想的な特徴を持っています。

仮に民間事業会社とNGOの出資比率が8対2だとします。従来のモデルでは1億円の税引き後利益があったとしても、その8割は株主への配当金に回され、残った2000万円のうち、CSR（企業の社会的責任）に充てられるのはわずか1〜3％程度。教育や医療に回せるお金は20万円から60万円程度しか見込めません。一方、デフタ・ブラックネットモデルを応用すると配当金の20％（NGOが20％の株式を保有している場合）を公益事業に回せるので、金額にして2000万円。この違いは非常に大きいといえます。

途上国支援の方法は、現在三つあります。まずはODAなど政府による税金を使った支援、次に宗教団体や慈善団体の寄付による支援、そして途上国で営利事業を行い、その利益を教育、医療などの問題の解決に充てるデフタ・ブラックネットモデルです。みなさんはどの方法を選びますか。

日本人最大の強みは、相手の立場に立って考えられるところ

植民地の時代から2000年くらいまでは、先進国が途上国を未開の国と呼び、「君たちの文化は遅れているから西欧に従え。英語を使え。キリスト教を信じよ」という形で支配してきました。圧倒的な経済格差を見せつけ、途上国の人たちを憧れさせたり、力で従

わせてきました。第二次世界大戦後の日本人も同様にアメリカに同化させられました。しかし、このような手法も途上国世界が経済を引っ張り、豊かになってくると通用しません。これからは、世界を画一化する英米的な考えの人よりも、多様性をわかる人が世界で活躍する時代になる。グローバルに活躍しようとする人にとっては、「相違点」を見極め、その違いを説明できる能力が、もっとも重要な素養となります。語学以上に大切な力は「違い」を受け入れるものの考え方です。

古来、八百万《やおよろず》の神をあがめ、仏教やキリスト教をはじめ、あらゆる外来文化を受け入れてきた日本人のDNAこそが、多様性の時代ともいえる21世紀を生きるためにいちばん必要な基礎であるように思えます。

アフリカや中南米を訪ねると、「どうしてこんなところに」と驚くような奥地にも日本の若者がいて、さまざまな仕事に携わっています。彼らは仕事を漫然とするのではなく、現地の伝統的スタイルを尊重しながら、より安全で効率的に作業ができるよう、道具や段取りに改良を加えるのがとてもうまいことがわかります。

例を挙げると、トイレが不衛生であるために、疫病の流行を繰り返している村があったとします。欧米人は西洋式の水洗トイレを導入しようとしますが、日本人は現地の慣習や文化を調べ、村で長年使われてきたトイレの特徴を活かしながら、清潔に使える方法を考えようとします。どちらが現地の人から信頼を得られるかは、いうまでもありません。

日本人の最大の強みは、「さまざまな文化や価値観を受容したうえで、相手の立場に立って物事を考えられる」ところにあります。日本人は自分の経済的成功や名声以前に、相手の立場を考えることができる稀有《けう》な民族です。だから日本人には、株主や経営陣だけが利益を得る株主資本主義より、すべてのステークホルダーを大切にする公益資本主義のほうが、元々受け入れやすいのです。

多様性の時代が来ることは確実です。日本の若い人たちが、「日本人の遺伝子」を世界で発揮することができる時がやってくるのです。自信を持って世界に飛び出し、ビジネスを始めてください。忍耐強く時間をかけて、本気で臨めば事業は時間とともに成長し、あなたも途上国からたくさんのことを学び、心豊かで経済的にも恵まれた人生を創造することができるでしょう。このような地道な活動の積み重ねが世界を変える大きな原動力になるのです。ともに行動しましょう。

世界から「外貨」と「誇り」の両方を手に入れたい

小渕 宏二

Koji Obuchi

CROOZ株式会社
代表取締役社長

1974年群馬県生まれ。
IBM子会社のセールスマンを経て2001年にCROOZ株式会社を起業。その後、2007年にJASDAQ上場、2011年には上場企業1000社の中で上位20社のみ選ばれる「JASDAQ-TOP20」に導く。創業以来、インターネットを軸に検索エンジン、ネット広告、ブログ、ネット通販など、常に市場のニーズを先読みし事業を展開。今現在は成長市場であるソーシャルゲームに狙いを定め、国内のみならず北米・アジア・ヨーロッパを中心に海外展開を進めている。

Contact

〒106-6138
東京都港区六本木6-10-1　六本木ヒルズ森タワー38F
URL : http://crooz.co.jp

世界から「外貨」と「誇り」の両方を手に入れたい

日本のお家芸「ゲーム」で世界にチャレンジ

ＣＲＯＯＺは、ソーシャルゲームを軸に、世界中にインターネットサービスを提供するエンターテインメント企業です。

ソーシャルゲームでは、これまで『アヴァロンの騎士』や『ＨＵＮＴＥＲ×ＨＵＮＴＥＲバトルコレクション』などのヒット作品を世に送り出してきました。社内には約６００人の社員がおり、業界トップクラスにまで成長しています。

もちろん、国内だけで満足するつもりはありません。僕たちが事業の柱としているゲームは、日本が世界に誇れる文化の一つ。ゲーム業界において国内有

Point

オフショア開発に向いている業務と向かない業務がある。

海外の責任者には、心から信頼できるメンバーを任命する。

世界で戦う前に、まず国内の組織を固める。

数のプロバイダーであるということは、それだけで世界で戦えるだけのポテンシャルを既に備えているということなのです。

一方で自分たちの会社をIT企業という視点で捉えると、日本のIT企業の中で、世界レベルで活躍できている企業はほぼ皆無です。それどころかあらゆる産業を見渡しても、平成以降に創業された企業の中で、本当の意味で世界進出ができているところはほとんどありません。

ですから僕は、ゲームという日本がもっとも得意とするジャンルの代表として、世界にチャレンジしたいと考えているのです。

和製企業として海外で活躍することによる誇りを手に入れたい

既にCROOZは、韓国、アメリカ、ドイツ、シンガポールの4ヵ国に海外子会社を設置しています。各国で行っているのは、マーケティングとプロモーション。アジア、北米、ヨーロッパという3大マーケットにおいて、それぞれの地域のユーザーがどのようなサービスを求めているかを把握し、現地の実情に合致したサービスにカルチャライズしたうえで、販促活動に取り組んでいこうというわけです。

ちなみに、ベトナムにあった子会社については閉鎖しました。ベトナムの子会社は、オフショア開発といって、開発を海外にアウトソーシングし労働コストを下げることを目的に設置したのですが、CROOZが手がけているプロダクトの特性上、今やるべきではなかったな、と思っています。

手順通りに作業を進めれば完成させられるような製品を扱っているメーカーであれば、積極的に海外へのアウトソーシングを進めていくべきでしょう。しかし僕たちはソーシャルゲームという人間の感情に働きかけるソフトを開発しています。そのため、開発者には時代や社会の変化を肌で感じながら仕事をすることが求められ、単純にアウトソーシングしてもうまくいくわけがないのです。いろいろ考えた末に、コスト削減ではなく、今はプロダクトヅクリに集中すべき時期であると、撤退を決めました。

僕たちが海外に出る理由は、「外貨」と「誇り」の獲得であると考えています。今後の日本の内需は、ある程度限定的で、世界全体の規模から見たら大したことはありません。僕は、外貨がないところに日本のコンテンツビジネスの未来はないと思っています。だから、営利活動をする企業として、外貨を取りに行くつもりです。

また、世界中の人に「こんなに面白いゲームが作れるなんて、やっぱり日本ってすごいな」という尊敬を持ってもらい、存在感を出せたとしたら、日本人としてやっぱりうれしいですよね。和製企業として海外で活躍し、「世界で活躍したんだ」「世界の70億人にゲームを提供できたんだ」「世界一〝オモシロカッコイイ〟会社になったんだ」という誇りをメンバーや日本の人たちに少しでも感じてもらえたら、僕がこの会社を創業した意義も、そこに見出せるのだと思います。

逆に、いくら海外でお金儲けができたとしても、世界の人から尊敬されないやり方では空しいだけです。とはいえ、いくら尊敬が得られたとしても、利益が伴わなければ事業を継続させることはできません。だから「外貨」と「誇り」の両方が欲しいのです。

海外には、心から信頼のおける仲間を送り込む

ベンチャー企業が海外でビジネスを展開するときには、やはり何より「人」が大切になってきます。

CROOZでは約600人の社員が働いていますが、これぐらいの人数であれば僕や役

員のマネジメントで会社を一つの方向にまとめていくことはまだ可能です。

しかし韓国やアメリカやドイツとなるとそうはいきません。僕が毎日のようにオフィスに顔を出して、現地のメンバーと頻繁にコミュニケーションをとることはできないし、流暢《りゅうちょう》な韓国語やドイツ語で、現地のメンバーや取引先を魅了して引っ張っていくこともできません。

ではどうするか。経営者が全幅の信頼をおけるメンバーを、現地に送り込めるかどうかがカギを握ります。

現在、サンフランシスコとドイツの子会社については、僕と一緒に10年以上働いてきた役員クラスの人間が代表に就いています。当社はソーシャルゲーム開発を始めるまでに、システム開発の受託やアドネットワークなど、さまざまなビジネスを手がけながら、変化の激しいIT業界の中で生き残ってきたわけですが、彼らはその荒波を一緒に乗り越えてきた気心の知れた仲間です。

また韓国の子会社については、ゲーム会社の出身で、当社でも2年間働いた経験を持つ韓国人の役員に代表を任せています。日本と韓国のゲーム業界の現状に精通していますし、当然韓国語も日本語も流暢に話せます。

信頼できるメンバーを海外の事業所の責任者として置くことのいちばんのメリットは、意思の疎通にズレがなくなり、意思決定のスピードが速くなることです。

例えば東京の本社と海外の子会社との間でテレビ会議をしていたとします。僕が現場の報告をうなずきながら聞いていたとしても、本当に納得しているのかどうか、彼らはモニター越しでも理解してくれます。表情の変化一つで僕が何を考えているのか察知してくれるんです。それだけでなく社長の僕に忌憚《きたん》なく、「社長、『なんか違うな』と思ってませんか？」と指摘してくれる。まさに、阿吽《あうん》の呼吸でわかり合える関係だから、ストレスがないんです。

これがもし、ヘッドハンティングしてきた人材を現地の代表に据えたとして、その人がどんなに優秀な人材でも僕と馬が合わなければ何の意味もありません。僕もストレスが溜まるし、その人もストレスが溜まるでしょう。海外については、経営者がコミットできる時間がどうしても少なくなってしまうぶん、安心して託せる人を責任者に選ぶことが大切になるのです。

ちなみにこれは余談ですが、彼ら責任者のアシスタントとして、ある海外拠点設立時に送り込んだメンバーは、新卒入社7ヵ月目の女性と、直前までアルバイトだった男性でした。これは僕が、雇用形態問わず全従業員にメールで希望者を募り、面接して決めました。決め手は社歴でも経験でもなく、「本気度」のみ。けっして長年かけて僕との信頼関係を築いた人でなければ活躍できないわけではありませんよ。「本気度」の高いメンバーには、僕はどんどんチャンスを与えます。

世界で戦える会社へ

今のCROOZの強みは、自分の右腕クラスの人材を惜しみなく海外に投入できるところにあります。少しぐらい本社から主力が抜けた程度では、簡単には揺るがない人材の層の厚さが当社の強みです。

役員陣を見ると、個々の能力は確実に僕よりも上です。また一般の社員の中にも、すごい能力を持った人がたくさんいる。だから僕の役割は、彼らの得意不得意を見極めながら、その能力がいちばん活きる仕事を与えてあげること。そしてその能力をきちんと認めてあげることです。すると人は得意な分野については高い意欲を持って取り組みますから、ますます能力が高まっていきます。つまりは「適材適所適者」、これをとても意識しています。

相手の欠点を指摘して直すのは、結構難しいですよね。むしろ相手の長所をほめて伸ばすほうがよほど簡単です。それに「彼の優れている部分はどこだろう」という意識を持って社員のことを見てみると、ちゃんと長所はあるものなんです。

社長よりも優れた人材がいない会社は、社長の能力以上の会社にはなれません。しかし社長よりも優れた人材がごろごろいる会社は、社長一人の能力を超えて成長していきます。またその人材の層の厚さを武器に、海外に挑戦することもできます。

そして海外で成功を収めれば、「あの会社で働きたい」ということで、さらに国内外から優秀な人材が集まってきます。

そうやって組織を強くし、世界で戦える会社に伸ばしていきたいですね。

インタビュアーの目線

「残れまテン」など、社員の働きやすさに重点を置いた制度が有名な同社。今後は「適材適所適者」をはじめとした「活躍しやすい会社づくり」に重点を置いていくとのこと。小渕社長のお話の中でも、経営戦略において、事業的な戦略はもちろん人材育成にも非常に力を入れている印象を受けました。

アジアで自分たちが提供できる価値を見極めたい

米山 久

Hisashi Yoneyama

株式会社エー・ピーカンパニー
代表取締役社長

1970年東京都生まれ。
2001年にエー・ピーカンパニーを立ち上げ、飲食業に参入する。〝みやざき地頭鶏《じとっこ》〟に出会い、2004年に居酒屋「わが家」を開業したことがきっかけで、2006年、宮崎県に農業法人を設立し、自社養鶏場と加工センターを立ち上げる。2011年には自社漁船による定置網漁を開始し、漁業での第1次産業への進出も果たす。そうした中で、飲食業が農水産業に直に関わることの重要性を感じ、日本の第1次産業を変え、さらに第6次産業のリーディングカンパニーとなることを目指す。2014年1月現在は「塚田農場」「四十八漁場」など15業態173店舗を展開中。2013年9月、東証一部上場。

Contact

〒105-0012
東京都港区芝大門2-10-12　KDX芝大門ビル9F
TEL : 03-6435-8440
URL : http://www.apcompany.jp/

アジアで自分たちが提供できる価値を見極めたい

シンガポールの店を繁盛させるのは、難しくない

私たちエー・ピーカンパニーは、２０１２年10月にシンガポールで居酒屋「塚田農場」を初出店し、現在では現地で3店舗を展開しています。

年間40〜50店舗のペースで出店を続けている日本国内では、遅かれ早かれ、飽和状態となることは予想がつきますので、海外出店はその打開策の一手といえます。まだまだ試験的段階といったところですが、今は、開店と同時に行列ができる盛況ぶりで、滑り出しは上々です。とはいえ、アジアで日本食がブームとなる中、シンガポールに出した店を繁盛させること自体は、実はさほど難しくはありません。問題は、いかに持続性のある、

Point

日本食ブームを一過性に終わらせず、現地に根づかせることが大切。

その国が抱える課題を解決するビジネスモデルを作るため知恵を絞る。

海外では外様《とざま》である自分たちの存在意義を深く掘り下げる。

本質的な価値を生み出していけるかということです。

私が危惧《きぐ》しているのは、昨今の東南アジアでは、現地のマーケティングに関するノウハウは豊富でも、肝心の食に関する知見がまったくない人たちが、日本食レストランや居酒屋を次々と立ち上げていることです。今なら和食の物珍しさもあって、それなりに繁盛するとしても、いずれは現地の人たちから飽きられてしまうのは目に見えています。日本食文化がようやく海外でも一般化しようとしているのに、それは残念なことです。私が海外出店を決めたもう一つの理由は、こうした現状を変えたいという気持ちもありました。

では、シンガポールにあるエー・ピーカンパニーと同業他社との違いは何かと問われれば、海外ではまだ私たちらしさを出し切れていないのも事実。国内店舗と同じ内装、接客レベルの高さ、美味しい料理に関しては自負していますが、エー・ピーカンパニーとしての本質的な価値を提供できているとは、まだ思えないのです。

生産者と外食産業を直結させることで実現した第1次産業の活性化

エー・ピーカンパニーの主力業態である「塚田農場」は、宮崎産地鶏を使ったメニューを中心にした居酒屋です。競合他社とのいちばんの違いは、多くの会社が問屋から食材を仕入れているのに対し、当社は自社養鶏場や提携農家で育った地鶏を、問屋を介さずに直接購入している点です。いわば、川上の生産者と川下の外食産業を直結させたビジネスモデルだといえます。

これにより、〝高品質低価格〟な商品・サービスの提供が可能になりました。今日の外食産業は、食材にこだわり、職人が丹精を込めて調理する〝高品質高価格〟の店と、海外から安い食材を仕入れるなどして徹底的にコストパフォーマンスを追求する〝低品質低価格〟の店に二極化しています。

私たちは、中間流通を省略したことにより、一般の専門店に比べ、圧倒的な低価格で地鶏料理を提供できるようになったのです。高品質高価格か、低品質低価格しか存在しなかった外食産業の中で、高品質低価格という新たな価値に挑戦したといっても過言ではないでしょう。

川上の生産者と川下の外食産業を直結させたことによって、もう一つ実現できたのが、第1次産業の活性化です。

今の日本は、農家の人たちの作った生産物が買い叩かれ、そこから複雑な中間流通を経て、消費者には高値で売られている構図があります。そのため、生産者の多くは低所得に悩み、この構図が農業や漁業の衰退を招く一因ともいわれているのです。しかし、私たちが直接農家と契約を結んで取引を始めることで、生産物が適正な価格で売買されるようになり、彼らの所得向上にも貢献できたと考えています。

また、自社運営をしている宮崎県日南市の養鶏場や食肉処理場、加工センターでは、約300人の従業員が勤務しており、地域の雇用の創出にも貢献しています。

私は自分たちの事業を、単なる外食産業だとは考えていません。第1次産業にまで深く関わっている以上、もっと広い概念である「食産業」を生業にしている会社だと定義しています。

例えば、自社に養鶏場があることにより、私たちは生産者の方たちがどんな思いや苦労を重ねながら、地鶏を育てているか、肌で感じることができます。実際に、社員を宮崎の生産現場へ送り込んで実地体験をさせ、アルバイトにはその様子を映像で見せているのですが、そうすることで、彼らに「自分たちの役割は何か」を考えさせるのです。すると、食材を提供する意味を自ずと理解するようになり、生産者の思いや食材へのこだわりをお客様に一生懸命伝えようという意識に変わっていきます。

考えてもみてください。これまで日本の外食産業では、生産者と外食店が中間業者によって分断されていたため、生産者は消費者の求めを知らないまま、また外食店は生産者の思いを知らないまま、料理やサービスを提供してきました。

けれども本来は、川上のことをよくわかっている人間が、川下の仕事に携わるというのが、あるべき姿だと思うのです。私たちが、会社のミッションとして「食のあるべき姿を追求する」と謳《うた》っているのには、そんな意味があるのです。

日本の外食産業が海外に進出する意義とは

シンガポールでは、生産コストの高い日本で育てられた地鶏を、輸送費をかけて提供していたのでは、収益的にはとても成り立ちません。一部の富裕層相手の高級店であればそれも成り立つかもしれませんが、それは私たちのビジネスモデルではありません。

したがって、今のところ食材のほとんどは現地調達で、日本から輸送しているのは、当社オリジナルの地鶏ガラスープだけです。一般に流通しているブロイラー（短期間で急速に成長させる狙いで作られた食肉専用・大量飼育用の品種）から取る鶏ガラと地鶏ガラでは、エキスの濃厚さがまったく異なります。また、シンガポールには地鶏という概念自体がないので、新鮮に受け止められているようです。けれども、これだけで差別化ができているとはとてもいえないのです。

やはり私たちが目指すべきは生産者と販売者を直結する当社のビジネスモデルを、東南アジアでも実現させることです。

それには、現状の３店舗では採算が取れないので、目下、10店舗規模に向けた準備を進めています。農場の視察にも行き、現地の人たちと接触を始めているところです。シンガポールには農地がほとんどありませんから、隣接するマレーシアや、ベトナムなどの近隣諸国に養鶏場を作ることになるはずです。

ちなみにシンガポールを最初の海外進出の場所に選んだのは、１００％独資での会社設立が可能だったからです。東南アジアに進出しているほかの会社を見ると、パートナーとの関係で苦労しているところが多かったので、自社がイニシアチブを握ってビジネスができることを重視したのです。シンガポールのマーケット規模を考えればおそらく10店舗が限度なので、塚田農場のブランドをシンガポールで確立しつつ、マレーシアやインドネシア、タイなどの国々に展開していくことになると思います。

現地での養鶏場の建設は、日本と比べればリスクがありません。日本であれば2000万～3000万円の建設コストがかかりますが、現地ならその10分の1のコストで可能であり、仮に失敗しても、十分にリカバリーできます。

ここで、けっして忘れてはならないのは、私たちがわざわざ海外で事業を展開することの社会的な意義です。食料自給率が40%を切り、農家が存亡の危機に瀕《ひん》している日本において、生販直結のビジネスを行うことは、間違いなく社会的な意義があるといえます。では自給率が100%を超えている東南アジアの国々における意義とは何なのか。日本と同じやり方でいいのか、悩ましいところです。

詰まるところ、国ごとに抱える産業構造の問題を解決できるビジネスモデルこそが、私たちエー・ピーカンパニーの存在理由なのだと思います。けれども、机上でいくら考えてみたところで答えは見つかりません。今はまず、東南アジアの市場で試行錯誤を重ねることで、自分たちなりの解答を見つけていこうと思っています。

繰り返しになりますが、一時的なブームに乗って、東南アジアの飲食業で成功を収めるのは簡単です。でも、ブームが過ぎたあとには何も残らない。そんなことに何の意味があるのでしょう。その国に確固たる根をおろし、その国の産業や人びとに貢献できるような事業でなければならないと思います。

当社の海外展開は、まだまだ本当にこれからです。「そんなにのんびり構えていたら、ブームから取り残されてしまう」と言われるかもしれませんが、流行に乗るつもりは元々ありません。愚直で、頑固と思われようとも、自分たちのスタイルは世界に出ても変わらないのです。

インタビュアーの目線

国内外の店舗展開について伺うと、抑制のきいた話しぶりで、ごく低姿勢に、でも力強く持論を展開する米山社長。人を射るような鋭い眼力と甘いマスクは、趣味であるトライアスロンの賜物なのでしょう。2013年9月には、東京証券取引所マザーズから第一部に市場変更され、間違いなく、今の外食業界の若手注目株ナンバーワンです。

日本と台湾の架け橋になる。それが私の使命

阪根 嘉苗

Kanae Sakane

アジアンブリッジ株式会社
代表取締役

1979年台湾高雄市生まれ。
小学生のときに日本に留学。台湾で会社経営する両親の影響により、幼い頃《ころ》から自らも経営者を志す。早稲田大学大学院卒業後、多くの経営者に出会え、かつ営業の経験を積みたいという思いから、リクルートエージェントに入社。新規開拓営業を得意とし、年間100社以上の新規企業を開拓。その後、幼い頃からの夢であった台湾と日本の架け橋となるべく、2010年にアジアンブリッジ株式会社を設立。現在は化粧品や健康食品、ウェブ事業のローカライズを中心に、これまでのべ200社以上の進出支援を行う。

Contact

東京本社
〒101-0061
東京都千代田区三崎町1-4-17　東洋ビル11F
TEL : 03-6860-4207
URL : http://www.asian-bridge.com/

日本と台湾の架け橋になる。それが私の使命

台湾人として生まれ、10歳のときに日本国籍を取得

私の父は台湾で生まれ育った日本国籍を持つ台湾系3世、母は生粋の台湾人。そんな両親から生まれた私は6歳まで、台湾の高雄という街で育ちました。両親は日本料理店を経営しているため毎日忙しく働いており、幼い頃から私は父方の祖父母に育てられました。祖父母は台湾が日本の植民地だった時代に教育を受けた世代ということもあって、日本語が喋《しゃべ》れましたし、当時日本が台湾全域の教育制度を整えたり、水田の用水路や鉄道などのインフラを整備してくれたことにとても感謝していました。台湾人であるのに、家では日本語を話すくらい、日本に強い憧れ

Point

中間業者としてマージンを取るビジネスでは、取引企業に無理を強いることになる。

日本人が海外でビジネスをするときの最大の武器は「おもてなし」。

その企業の「本気度」が、海外で成功を収められるかどうかのカギとなる。

を抱いていました。

あるとき、その憧れが高じて日本に移住することを決意します。そのときに幼い私も、一緒に日本に渡ることになったのです。「大切な孫に、ぜひ日本の教育を受けさせたい」という気持ちがあったようです。私自身は、自分の意思で日本に来たわけではなかったので、「私のアイデンティティーはどこにあるのだろう」という葛藤《かっとう》をずっと心の中に抱き続けることになりました。10歳のときには日本国籍を取得。祖父母からは「もう日本人なのだから、台湾のことは忘れなさい」と言われましたが、そう簡単な話ではありませんでした。

大学生のとき、自分のルーツを確かめたいと考えた私は、1年ほど台湾に戻り、両親と暮らしました。両親からは「台湾人らしく、台湾人であることに誇りを持って生きていきなさい」と、祖父母とは逆のことを言われました。

私が台湾人として台湾で生を受けたのは紛れもない事実です。お陰で台湾の言葉も文化も、人びとの気質もよく理解できます。一方で、幼い頃に日本に移り住んだ私を育ててくれたのは、日本人の友達であり、学校の先生であり、周りの大人たちです。日本なくして今の私はありません。悩み抜いた末、私は自分の生き方を定めました。「私は、日本と台湾の架け橋になるために生を受けた。そのためにいずれは独立起業しよう」と思ったのです。

6年勤めた会社を辞めて、実際に独立したのは30歳のときです。当時は明確な事業アイデアはありませんでした。とにかく日本の優れた商品を台湾で売りたいと考え、日本の伝統工芸品や職人が手作りしたバッグなどの日用品を何十個もスーツケースに詰め込み、2週間に1回くらいの頻度で、日本と台湾を往復していました。

ほどなく、台湾でテレビショッピングが急成長していることに目をつけました。さっそく営業攻勢をかけてみると、いつもユニークな商品を持ってくる私にテレビ局の人たちが関心を持ってくれるようになり、取引を始めることができました。私の役割は日本のメーカーと提携し、その商品を台湾のテレビ局に売り込むこと。商談が成立すれば、私がメーカーからキックバックを受け取れる仕組みです。

「これでようやく日本と台湾を結ぶビジネスに携わることができる」と思った矢先のことです。テレビ局から、大量購入を条件に価格を半額にするよう要求されたのです。しかも、要求が通らなければ、今後の取引はできないとまで言われました。日本の商品がどんなに品質が良くても、台湾の人たちには高すぎる価格だったのです。

「わかりました。任せてください」と安請け合いをした私は日本に戻って、職人さんたちにそのまま伝えました。そして、落胆した職人さんからこう告げられたのです。

「阪根さん、あなたにはがっかりしました。僕らはあなたが日本の商品の良さを台湾に伝えるためのビジネスをしているのだと思っていました。それなのに、僕らの商品を買い叩くとは……。わかりました。もう終わりにしましょう」

自分のやりたかったことは、こんなことだったのだろうか。私は自問自答しました。台湾の物価は日本の約2分の1です。価格差が激しい中、私が卸売業者として利益を得る事業モデルでは、どうしても日本企業に無理を強いることになります。問題は、卸という業態にあったのかもしれません。「もうこれ以上はできない」私は卸売業をやめることにしました。

日本人の最大の武器はおもてなしの精神

日本と台湾の架け橋になるには、どうすればよいか……暗中模索する中で、新たに見つけたスタイルは、台湾への進出を考えている日本企業との協業モデルでした。

例えば、現在の協業先に通販支援会社があります。同社は、化粧品や健康食品の通販会社から依頼を受けて、新規顧客やリピート顧客を増やすための広告サービスを提供しています。同社が台湾でもビジネスを展開することになったのですが、当然現地の事情に詳しいわけではありません。そこで、台湾に精通した社員がいて、台湾での土地勘が利く弊社と協業して現地でのビジネスを進めていくことになったのです。

先方の執行役員にも台湾オフィスに常駐してもらい、両社が共同で一つの事業部を設置します。台湾進出にあたってかかる経費も折半、利益も両社が折半します。当面は1年を目処に事業化に取り組み、1年後に継続・撤退を判断します。継続の場合は、その時点での役割に応じた出資比率により、合弁会社を設立するというスキームです。

私たちは、台湾でテレマーケティングによる通販事業を始めるために、現地のコールセンターとの提携から、受注・決済・梱包《こんぽう》・配送といったサプライチェーンの構築に、協業先の企業と二人三脚でゼロから取り組みました。この仕組み作りがやっぱり大変でしたね。

例えば、日本のコールセンターでは、オペレーターとお客様との電話のやりとりをサービスの分析・改善のために録音しておくことも、お客様に電話をかけた件数と受注できた件数を記録しておくことも当たり前ですよね。ところが台湾では、「何でそんなことまで？」という感覚なんです。そこで私たちが台湾企業に、日本企業がなぜそこまで細かいことにこだわるのか、その背景から説明し、どうすれば日本側の要望に応えられるか、一緒に考えていきます。これは日本と台湾両方の商慣習を理解している私たちだからこそできることです。

日本のきめ細かなサービスが、台湾の人を感動させることも少なくありません。例えば、日本の化粧品通販会社は新規のお客様に対して、購入1ヵ月後くらいに「商品はお肌に合いましたか？」といったフォローの電話をかけますよね。また、お客様一人ひとりに感謝の気持ちを込めた手書きの手紙を送ったりします。これが台湾の消費者には信じられないことらしいのです。わざわざお客様相談窓口に「この手紙を書いたのは誰ですか？　お礼を言いたいです」と電話をかけてくれるほどです。同様にコールセンターの人たちにも、「日本のサービスは何てレベルが高いんだ」と、驚きをもって受け止められています。

私は日本人最大の武器は、おもてなしの精神だと思っています。滝川クリステルさんによる東京五輪招致のプレゼンテーションで流行語のように取り沙汰《ざた》されていますが、それは古くから、日本人の美徳であり、強みなのです。日本はモノ作り大国と言われますが、残念ながらモノ作りはすぐに模倣されてしまう。けれども、相手の立場に立った提案やアフターフォローといったサービスの質に関して、世界の人たちに感動を与えることができるくらい、圧倒しています。だから私は、日本人はおもてなしの精神を絶対に忘れてはいけないと思います。

本気にならないと、成功は手に入れられない

現在、上述の通販支援会社以外にも、イベント写真撮影とオンライン写真販売を生業にしている会社と、台湾で一緒に事業を進めています。台湾の人たちは写真が大好きなので、この事業は現地でも順調に伸びてきています。

お陰様で今では、台湾進出を考えている日本企業からたくさんの問い合わせが来るようになりました。残念ながら、ジョイントをお断りすることのほうが多いくらいなのですが、それは私たちもリスクを負いながら、真剣に取り組む覚悟で臨んでおり、事業モデルが台

湾のマーケットに合うかどうかを精査せざるを得ないからです。

けれども、何よりも大切なのは、日本企業の本気度です。私たちは必ずパートナーに対して、台湾に常駐するスタッフを最低1人は出してもらうようにお願いしています。なぜなら企業が本気にならないと、文化も商慣習も異なる国で成功を収めるのは困難だからです。本気になって取り組めば、日本企業にとっても事業が収益化し、なおかつ台湾の人たちにも、利便性や豊かさを提供できる商品やサービスが、日本にはまだたくさんあります。

私は日本と台湾がビジネスをすることで、どちらの国の人たちにもハッピーになってほしい。その橋渡しをするのが、私の使命だと思っています。

インタビュアーの目線

台湾生まれの日本育ちで、日本語・中国語・台湾語を自在に操るトリリンガル。日本企業の強みを台湾マーケットへ巧みに取り入れる目利き。事業の成否・進退についてドラスティックに意思決定する決断力。阪根社長はその細腕からは想像もできないバイタリティーと、女性ならではの細やかさを併せ持つ、まさにアブローダーズ的な女性経営者でした。

国境の壁は、思っているほど高くも険しくもない

佐野 健一

Kenichi Sano

株式会社ビジョン
代表取締役社長

1969年鹿児島県生まれ。
1987年私立鹿児島商工高等学校卒業、1990年株式会社光通信に入社、すぐにトップ営業マンになる。その後、営業マネージャー、関西、名古屋の支店長、直販事業部長、テレマーケティング事業部長、OA機器事業部長、代理店統括事業部長を歴任。当時すべての部署の責任者を担当。24歳で800人ほどの部下を持っていた。1995年静岡県富士市に有限会社ビジョン設立、1996年株式会社ビジョンへと改組。2012年2月、海外向けモバイルWiFiレンタルサービス「グローバルWiFi®」を開始。同年4月、国内唯一の「新浪微博（シナウェイボー）」オフィシャルパートナー企業Find Japan株式会社を完全子会社化。趣味はサッカー。

Contact

〒163-1305
東京都新宿区西新宿6-5-1　新宿アイランドタワー5F
TEL : 0120-555-815
URL : http://www.vision-net.co.jp/

国境の壁は、思っているほど高くも険しくもない

自分以外、スタッフ全員が外国人だった創業期

今にして思うと、ある意味で当社は創業当初からグローバル企業だったのかもしれません。何しろ当時は、社長の私を除いて、スタッフ全員が外国人だったのです。

通信系の大手企業に勤めていた私が起業したのは、1995年、25歳のときです。出張で乗っていた新幹線の車窓から富士山が見えたとき、ふと「ここで起業しよう」と思いついて、最寄りの新富士駅で降りたんです。そのまま不動産屋さんに駆け込んで、アパートの仮契約をしてしまう勢いでした。

Point

専門性さえあれば、ビジネスのヒントは日常から見つけられる。

英語が話せないことを臆《おく》さず、何を伝えるかに注力する。

ビジネスの原理原則は、国境の壁にかかわらず有効である。

もちろんそれまでにも、いずれ独立することは考えてはいました。ただ、タイミングも、静岡県富士市を創業の地に選んだのも、完全にその場の直感でした。事業内容も、これまでの知識や経験を活かせる通信関係の何か……とは思いつつ、具体的なビジネスプランもありませんでした。

静岡はサッカーが盛んな地域で、夜になると仕事を終えた大人たちが、ナイターのグラウンドで夢中になってボールを追いかける姿がよく見られます。私も鹿児島で高校時代までサッカーをしていたので、あるチームに入れてくれるよう、声をかけました。すると彼らは日本人ではなく、全員が静岡の工場に出稼ぎに来ていたブラジル人だったのです。

その日から、ブラジル人と片言でのコミュニケーションが始まりました。話しているうちにわかったのは、彼らがさまざまな文化の違いがある日本社会になかなか馴染《なじ》めず、孤立感を抱いているということでした。彼らにとっては、国際電話で母国の家族や友人と話すことがいちばんの楽しみなのですが、当時は電話料金がとても高かったので、気兼ねして長電話ができないことをこぼしていました。

そこで私が思いついたのが、国際電話の割引サービスです。通信事業者と交渉して電話料金を割引するサービスを作ってもらい、そのサービスを日本在住の南米の方向けにコールセンターで販売するというビジネスを始めることにしたのです。

さっそくコールセンターのスタッフとしてブラジル人やペルー人を雇い、スペイン語やポルトガル語のパンフレットを作りました。女性中心のスタッフは当初10人程度でしたが、3ヵ月後には30人にまで増えました。また1年目に8000万円程度だった売上は、2年目には10億円に達したのです。ニーズがあったといえばそれまでですが、日本人が日本語で営業していたら、これだけの成功はなかったと思います。すべては、外国人である彼たち・彼女たちが頑張ってくれたお陰でした。

けれども、私はその時点で、このビジネスが長続きしないことも予想していました。当時から通信事業者間で、国際通話料を下げる動きが進んでいたからです。それに加え、インターネットも急速に普及しつつありました。技術革新のスピードが著しい通信の世界では、時代の流れを読むことが肝要です。私には、当時のスタッフが母国に帰るまでの3年から5年のうちに、新しい事業を立ち上げる必要がありました。

私は国内事業に軸足を移すという大きな意思決定を行い、2002年には東京に本社を移転。大手通信会社の代理店として、携帯電話やブロードバンドのサービスを国内の法人向けに販売するビジネスを事業の主軸に据えました。

以後、国内事業に専念することになるのですが、創業期にブラジルやペルーの人たちと一緒に仕事をしたことは、私にとって貴重な経験となりました。外国人を相手にビジネスをすることにまったく抵抗感がなくなったからです。確かに日本人とブラジル人とでは、性格も慣習もまったく違います。けれども、同じ人間なのですから、人としてやっていいことと悪いことといった、根本的なベースは同じです。育ってきた国が違っていたとしても何ら問題ありません。

ですから当社では、採用は国籍で区別しないことをルール化しています。現に社内では、韓国や中国、台湾など複数ヵ国出身の社員が何十人も働いています。取り組んでいる事業は国内向けでも、採用はずっとグローバルだったのです。

ビジネスのヒントは日常にある

私が再び海外に目を向けることになったきっかけは、海外に行くたびに辟易《へきえき》していたモバイル環境の問題でした。

その最たる例が、海外でモバイル端末を使用する際、設定を間違え、パケット定額制の指定外通信業者を通じてデータ通信を行った場合に通信料が思わぬ高額となる、いわゆる〝パケ死〟です。中には、請求額が数百万円におよぶ場合もあり、そのリスクを恐れて、海外にいる間はインターネット接続を控える人も少なくありません。

今や世界中の人たちが、国境を越えてビジネスをしている時代です。それにもかかわらず、〝パケ死〟のように時代錯誤も甚《はなは》だしいリスクを抱えながら、しかも通信スピードが遅い、実にストレスフルな環境でモバイル端末を使うことを強いられている。

「これは何とかしなければいけない」起業家としての血が騒ぎました。

そこで誕生したのが、世界各国の通信事業者と契約を結び、現地のローカルネットワークを直接利用できるＷｉＦｉルーターを定額制でお客様にレンタルする新サービス「グローバルＷｉＦｉ®」です。

従来は、海外でインターネットに接続する際に、国際ローミング通信といって、ユーザーが国内で契約している通信事業者を介し、その事業者が現地で提携している事業者の設備を利用するという形を取っていました。海外から来た人には十分な通信スピードが出せない設定にしたうえ、料金も高くなる仕組みです。

一方「グローバルＷｉＦｉ®」は、現地のローカル回線に直接接続するため、国際ローミング通信と比べて10倍以上の高速化を実現。しかも、日本の携帯電話会社の海外パケット定額サービスよりも安価で、設定ミスによる〝パケ死〟のリスクもありません。

「グローバルＷｉＦｉ®」も、きっかけは創業当時に日本在住の南米の方を対象に国際電話の割引サービスを始めたときと同じで、困っている問題を解決する手段を考えたことです。このように、ビジネスのヒントは、いつも日常にあるものです。大切なのは、自分で感じた疑問や不安を、何かのヒントだと気がつくかどうかです。私の場合は、通信一筋にビジネスを続けてきて、通信の世界で起きていることに敏感であったことが発想のポイントです。もし私に、通信に関する専門性がなかったら、「海外でスマホを使うのは、何かと不便」という印象を持つだけで、ビジネスに結びつけようとする発想はおそらく生まれなかったでしょう。新しいビジネスを見つけるためには、視野を広く持つと同時に、自分の専門領域を極めていることも重要なのです。

大切なのは「何語で喋るか」ではなく「何を喋るか」

「グローバルＷｉＦｉ®」は、現地の通信事業者と当社が直接契約を結ぶことによって成り立っているサービスです。現地事業者にとっても、当サービスを通じて、海外のユーザーに自社のネットワークを使ってもらうことで売上増が期待できるわけですから、大きなメリットがあります。つまり、両者にとってＷｉｎ-Ｗｉｎのビジネスといえます。

私たちは当初、アジア地域最大級の通信会社であるシンガポール・テレコムや、アメリカのベライゾンに、このビジネスプランを持ちかけ、契約を成立させてきました。世界上位の通信会社を最初に取り込めば、他国の通信会社も契約を断る理由がなくなります。短期間で２００ヵ国以上の国・地域にサービス網が構築できた裏には、こんな駆け引きもあったのです。

商談の際、プレゼンテーションは、社長である私が行います。ただし、私は英語が喋れないので、通訳を介して日本語で話をします。英語が喋れないからといって臆することはありません。大切なのは「私という人間がどんな人物なのか」「どんな思いを持ってこのビジネスに取り組んでいるか」という点を、明確なメッセージを込めて相手に伝えることです。英語がうまくなくても、日本語で十分伝わるものなのです。

ちなみに、商談の場で私が「英語が喋れなくてすみません」と言うと、感度の高い相手であれば「こちらこそ、日本語が喋れなくてすみません」と返してくれます。正直、この言葉には何度も救われました。もちろん、現場で実務に携わる人には一定の英語をはじめとする語学力が求められます。けれども、いちばん大切なのは、「何語で喋るか」ではなく「何を喋るか」ではないでしょうか。

私は、日本人相手の国内でも、外国人相手の海外でも、やり方自体に大きな違いはないと思います。日頃《ひごろ》からコミュニケーションを取って信頼関係を作る。嘘《うそ》をつかない。双方の利益を考えて行動する。こうした原理原則さえ守っていれば、アジアでも、欧米でも、どこへ行っても成功できると思っています。国境の壁なんて、思っているほど高く、険しいものではありません。ちょっと指で押す程度で、音を立てて崩れてしまうかもしれませんよ。

インタビュアーの目線

専門性に言葉の壁はないと語る佐野社長。アメリカやアジアの通信大手との商談に自ら乗り込んでいく大胆な行動力と、ベンチャー企業にして社会インフラを築かんとする胆力には、感服するばかりです。ちなみに「グローバルWiFi®」は、私の海外出張にも欠かせない〝必需品〟。日本国内と変わらないモバイル環境のお陰で、本書の海外取材もスムーズに進みました。

アジアはもはや海外にあらず

河野 貴輝

Takateru Kawano

株式会社ティーケーピー
代表取締役社長

1972年大分県生まれ。
1996年慶應義塾大学商学部卒業後、伊藤忠商事株式会社為替証券部を経て、日本オンライン証券株式会社（現カブドットコム証券株式会社）設立に参画、イーバンク銀行株式会社（現楽天銀行株式会社）取締役営業本部長等を歴任。インターネットにおける金融業のノウハウを取得し、2005年8月株式会社ティーケーピー設立、代表取締役社長就任、現在に至る。

Contact

〒162-0844
東京都新宿区市谷八幡町8番地　TKP市ヶ谷ビル2F
TEL : 03-5227-7321（本社代表）
URL : http://tkp.jp

アジアはもはや海外にあらず

ニューヨーク・マンハッタンへの第一歩

ティーケーピーは、貸会議室市場において業界最大手の企業です。日本国内および海外に1200室（2014年2月現在）の会議室を有し、毎月約8000社にご利用いただいています。

当社が海外出店の取り組みを開始したのは2010年。これまでに上海と香港にカンファレンスセンターをオープンさせ、2013年7月にはニューヨークとシンガポールにも出店を果たしました。

私が海外に挑戦しようと思った理由は明確です。そこがベンチャースピリットをかき立てられる場所だからです。私たちは国内では、「駅から5分以内の利便性の高い場所で、リーズナブルな価格で質の高い会議室をお客様に提供す

Point

- 日本で成功できない企業は海外でも成功できない。
- アジア各国を日本の地方都市と同様に捉えてみる。
- 三方良しとする日本のビジネススタイルは実は効率的。

る」というビジネスモデルを構築し、安定した成長を続けています。そのビジネスモデルが、海外ではどの程度通用するのか。日本とは異なるルールのマーケットで、どこまで自分たちを適応させることができるか、その可能性を試してみたいのです。

私に限らず、ベンチャースピリットを持っている起業家や若い人には、ぜひ海外にチャレンジしてほしいと思います。けれども、その一方で「日本でうまくいかないから、アジアに出てみよう」というような安直な気持ちでアジア進出を図ったところで、うまくいくはずがないというのが私の持論です。

もしかしたら、一時的には成功することがあるかもしれません。しかし、いずれアジアでもマーケットが成熟すれば、より高度なサービスが要求されるようになります。すると日本で通用しなかったような企業は、アジアでも競争相手に敗れることは目に見えている。だからアジアで成功したければ、まず日本で成功することから始めるべきです。

そしてアジアで実績をあげたら、その先にはアメリカやヨーロッパを視野に入れてほしいと思います。

実は、私はアジアを本当の意味での海外とは思っていません。確かに通貨や言語は異なるものの、基本的には日本と同じ経済圏に属する地域であると捉えています。商慣習もそれほど日本と大きく異なるわけではありません。

当社はアジアでは上海と香港、シンガポールにカンファレンスセンターを設置していますが、これは大阪や名古屋、札幌《さっぽろ》といった国内の都市に拠点を設置するのと同等の位置づけとの認識です。いくらシンガポールや香港が貿易都市として発展を遂げているといっても、東京と比べればマーケットの規模が違いすぎるからです。

ただし地方都市レベルだからといって、けっして軽視しているわけではありません。ティーケーピーは国内では札幌、仙台、名古屋、大阪、広島、福岡などで貸会議室事業を展開していますが、これらの地域の売上高を合算すると、ほぼ首都圏での売上高に匹敵する額となります。アジアの主要都市についても同様の売上が期待できます。それにさらなる発展が期待できる地域ですから、市場の成長スピードを見ながら今後も拠点を拡充していきたいと考えています。

とはいえ私にとっての海外は、やはりアジアではなく、アメリカであり、ヨーロッパです。その中でもとりわけ私は「ニューヨークで挑戦したい」という思いをずっと抱き続けてきました。何といってもニューヨークは世界経済の中心地だからです。世界的企業がひしめくニューヨークで、もし成功を収めることができたならば、きっと私たちはどこの国でも成功できるはずです。

冒頭でも述べたように、まずはニューヨーク、しかもマンハッタンの一等地にカンファレンスセンターをオープンさせるところまで漕《こ》ぎ着けました。今私たちは、ようやく海外挑戦へのスタート地点に立つことができたわけです。

マンハッタンには貸会議室がない！

私がニューヨークへの進出を本気で考えるようになったのは、２００８年のことでした。その年の９月28日、リーマン・ブラザーズの破綻《はたん》後に広がった世界金融危機の懸念から、ニューヨーク証券取引市場のダウ平均株価が史上最大の暴落を記録しました。奇《く》しくもそのときニューヨークに滞在していた私は、これをチャンスと捉えました。不動産価格の下落が期待できるからです。

ただし、当時は創業からわずか３年。まだ、自分たちの企業体力を蓄える時期にありました。ようやく体制が整い、現地法人のＴＫＰニューヨークを設立したのは２０１０年11

月のことです。当初の計画では、翌年にはカンファレンスセンターを開業する予定だったのですが、ここからが苦労の連続。ニューヨークへの新規参入障壁の高さに直面することになったのです。東京と事情が違ったのは、何といっても物価の高さです。物件の賃料も駐車料金もレストランでの食事代も、すべてが東京より格段に高い。そんな中で「リーズナブルな価格で質の高い会議室をお客様に提供する」というコンセプトをどう実現させるかが課題になりました。

また、日本とは異なる法規制も壁となりました。例えば、中古のビルを会議室にリノベーションする際に、日本では消防局の認可を取れば済むようなことでも、建築法や消防法の細かい規制を一つひとつクリアしていくことを求められました。こうして準備に予想以上に時間がかかってしまったのです。

けれども、オープンまで苦労はしましたが、勝算は十分にあると踏んでいます。

マンハッタンのビジネスマンは、会議やミーティングを一流ホテルのバンケットルームを使って行っています。その使用料は実に東京の5倍から10倍。賃料の高いマンハッタンには貸会議室というものがなく、彼らはホテルを利用する以外に選択肢がないのです。

そこに風穴を開けたのが私たちのカンファレンスセンターです。一流ホテルのバンケットルームと比べても、まったく遜色《そんしょく》ないクオリティーを実現しながら、価格はホテルの2分の1から3分の1。しかも、オフィス街の中心部にあって、アクセスにも至便です。

賃料の高いマンハッタンでこれをどうやって実現したのか。私たちが目をつけたのは、ビルの地下倉庫です。地下倉庫を会議室やオフィスに改装しようという発想はアメリカ人にはありません。私たちはこの地下1階の倉庫を格安の値段で借りると同時に、地上1階〜2階についても好条件で賃貸することによって、ローコストでハイクオリティーな空間を実現したのです。

もちろん、マンハッタンにあるヒルトンやマリオットといった超高級ホテルと比べればブランド力では劣るかもしれません。けれども、特別なパーティーにはヒルトンを使うニューヨーカーたちも、事務的なミーティングはリーズナブルに済ませたいはずです。そのニーズに私たちの勝算があると考えているのです。

実際にオープン以来、予想を上回る問い合わせをいただいています。これから認知度が高まるにつれて、稼働率が上がっていくことは十分期待できます。

ニューヨークで成功したら、次はシカゴやサンフランシスコ、さらにはヨーロッパへの進出も視野に入れています。アジア地域と北米地域、ＥＵ地域の３大マーケットを押さえることができてこそ、初めて世界的企業になったといえるのだと思います。

一方で私は、無謀な挑戦をする気はまったくありません。新しいチャレンジは、既存事業の経常利益の範囲内で行うようにしています。戦国大名にたとえれば、自分の領土はしっかりと守ったうえで、他国に打って出る。これは事業を行ううえで、基本中の基本です。

日本のスタイルで海外での成功を手に入れたい

アメリカで事業に関わるようになってから痛感したのは、「日本人は仕事の仕方が何て誠実なんだろう」ということです。アメリカのビジネス社会は弱肉強食で、他人を蹴落《けお》としてでも自分が成功を収めることを優先します。一方日本人は「三方良し」という言葉があるように、ビジネスに関わっている人みんなが幸せになることを重視します。

しかし私はアメリカでも、日本のやり方を貫くつもりでいます。パートナーと信頼関係を築きながら持続的にビジネスを行っていくためには、日本のスタイルのほうがはるかに優れているからです。アメリカのビジネスのやり方は効率が悪すぎます。

それに日本人がアメリカ人の真似をしても、勝てるわけがありません。同じ土俵で戦ってはいけないのです。もちろんその国のマーケットに適応することは大切ですが、仕事に対する姿勢やポリシーまで曲げる必要はありません。

日本人は相手に英語を使われると急に萎縮《いしゅく》してしまいますが、頭の良さという点ではまったく互角に渡り合えるはずです。だから自信を持って堂々とコミュニケーションを取ればいい。

私は日本のスタイルを貫きながら、世界経済の中心であるニューヨークで成功を手に入れたいのです。

インタビュアーの目線

「メジャーを目指し、自分たちより強いところ、より難しいところで勝負せよ」と、終始アグレッシブに、挑戦的な発言をされる河野社長。それはまさに、世界のメジャーが軒を連ねるニューヨークへ進出を果たし、さらにはヨーロッパ市場を見据える河野社長ならではの、海外を目指す若者への骨太なエールでした。日本人魂を世界に見せつけてほしいものです。

日本企業ならではの強みを意識しながら、
アジアで戦う

間下 直晃

Naoaki Mashita

株式会社ブイキューブ
代表取締役社長

1977年東京都生まれ。
慶應義塾大学在学中の1998年に、Webソリューションサービス事業を行う有限会社ブイキューブインターネット（現：株式会社ブイキューブ）を設立し、同社代表取締役社長に就任。その後、本業をビジュアルコミュニケーション事業へ転換し、2007年よりWeb会議市場における国内シェアナンバーワンを獲得、2012年まで6年連続で首位を獲得している。米国インテル キャピタルからの出資を機に、2014年1月時点でマレーシア、シンガポール、インドネシアに現地法人を設立。また、2013年1月より、活動拠点をシンガポールに移し、アジアを中心としたグローバル展開を進めている。2013年12月に東京証券取引所マザーズ市場へ上場。経済同友会会員。

Contact

〒153-0051
東京都目黒区上目黒2-1-1　中目黒GTタワー20F
TEL : 03-5768-3111
URL : http://jp.vcube.com/

日本企業ならではの強みを意識しながら、アジアで戦う

アメリカ進出という無謀な挑戦から生まれたV-CUBE

　ブイキューブは、Web会議をはじめとしたビジュアルコミュニケーションサービスの開発・販売・運用を行っている会社です。この分野においては、2007年から国内シェア1位を維持しています。私たちがそもそもWeb会議の開発を手がけることになったきっかけは、マーケットやユーザーのニーズによるものではなく、自社内での必要性に迫られてのものでした。

　2003年、当社はアメリカのロサンゼルスに子会社を設立しました。当時の私たちの主力事業は、Webの制作や携帯電話のアプリケーション

Point

アメリカ企業が苦手とする非英語圏の国で勝負する。

アジアならではのニーズに柔軟に応えるサービスで優位に立つ。

社長自身が拠点を海外に置くことで、社員の意識を海外に向ける。

の開発。その頃、携帯電話のアプリケーションについては、アメリカよりも日本のほうがずっと進んでいました。「それなら日本の自分たちの技術を持っていけば、アメリカでも勝負できるんじゃないか」と考え、挑戦することにしたのです。当時はまだ、社員20〜30人程度の本当に小さな会社で、組織としての体《てい》をようやく成しつつあったばかりの頃でしたから、今思えば、若さゆえの無謀なチャレンジだったとしかいいようがありません（笑）。

アメリカに子会社を構えてみると、さっそく困ったことが起きました。私が日本の本社に居続けるとアメリカの業務が滞り、アメリカに行くと日本の業務が滞るようになったのです。そこで日本とアメリカでのコミュニケーションを円滑にするためにテレビ会議システムの導入を検討したのですが、1000万円もの費用がかかると知って諦《あきら》めました。「それならば、自分たちで作ってしまおう」ということで開発したのが、インターネット回線を利用したWeb会議サービスです。さらに自社内で、より使いやすいように改良を重ねるうちに、製品としてお客様に販売できるレベルにまで達したというわけです。

まさに必要は発明の母。アメリカに子会社を設立するという無謀な挑戦をしたからこそ、現在の主力製品（V-CUBE）は生まれたのでした。

私たちがアメリカに進出したことによって得られたものはもう一つあります。それは日本のベンチャー企業が、アメリカで戦う難しさを身をもって経験したことです。

日本とアメリカでは、ベンチャー企業の資金調達力がまったく違います。今の私たちの企業規模では、日本で調達できる金額はせいぜい10億円単位が限度。一方、アメリカの場合は、私たちと同じ規模の会社だったとしても、100億円レベルを調達することができます。仮に技術力は自分たちのほうが勝っていたとしても、資金調達力で数倍以上もの差をつけられたら勝ち目はありません。

つまり、日本のベンチャー企業は、アメリカ企業に真っ向勝負を挑んでもかなわない。それなら私たちは、日本企業ならではの強みを活かせるフィールドで、その強みを存分に発揮してアメリカ企業に対抗していくしかない。「どこでどう戦っていくか」ということを考えるようになったのです。

アジアならではのコミュニケーション文化を取り入れたV-CUBE

私たちがアジアでの事業展開を開始したのは2009年のことです。最初に拠点を設けた国はマレーシア。理由は、東南アジアの中では経済が発展していて、なおかつ英語が通じやすい国だったからです。その当時は、英語が通じやすい国に展開するしかないと考えていました。しかし、事業展開を進めるうちに考えが変わってきました。

アメリカ企業の動きを見ると、英語圏の市場には着実に入り込んでいますが、非英語圏の国では苦戦をしています。そこを狙っていこうというのが私たちの戦略です。その点アジアは、インドネシア、タイ、ベトナム、中国、そして日本というように非英語圏の国、つまり、私たちが戦いやすい場所がたくさんあるのです。

また同じアジアですから、コミュニケーションに関する文化も日本と似ています。

アメリカのビジネス界では、電話会議で重要事項を決めるのが当たり前です。つまり「言語＝ロジック」で物事が進められている世界です。そのためテレビ会議などのビジュアルコミュニケーションツールも、電話会議の補助ツールとして発展してきました。

一方アジアでは、重要事項ほど当事者が直接顔を突き合わせて決めていきます。元々電話会議なんてあり得ない。つまりアジアでは「言語」だけでなく、同じ「時間」や「空間」を共有することを重視しているのです。そのため私たちの「V-CUBE」も、同じ時間や空間を共有している感覚に極力近づけることを目指して改良を重ねてきました。

顧客の要望に柔軟に対応できることも私たちの強みです。私たちのサービスには、お客様が必要なぶんだけを利用して月額で利用料を払う「クラウド型」と、お客様がシステムをまるごと購入して自社にサーバーを置く「オンプレミス型」があります。日本ではクラウド型を選択するお客様が主流となってきましたが、まだまだ東南アジアでは自分で所有したいというほうが多数です。また、購入したシステムを、自社向けにカスタマイズすることを求めてきます。当然私たちはその要望に対応しています。

一方アメリカの企業は、自分たちの製品やサービスがグローバル・スタンダードであると規定して、その基準を世界中のあらゆる国や地域に展開するスタイルを採ります。基本的にカスタマイズには応じようとしません。コストをかけずに、均質的な商品を大量に売ることで売上と利益をあげるという戦略だからです。

しかしアジアでは、アメリカ企業よりも私たちのスタイルのほうが圧倒的に受けは良いので、勝算は大いにあると踏んでいます。今ある調査会社によると、アジアのビジュアルコミュニケーション市場における当社のシェアは第2位で、1位はアメリカ企業です。現在はマレーシア、インドネシア、シンガポールなどの拠点で40～50名の社員が働いていますが、これを今後5年間で100人から200人の規模に拡大し、アジアでのシェア1位を奪取したいと考えています。

アジアは、市場としてはまだ規模が小さいですが、急速に成長を遂げようとしており、やがて確実に日本の市場規模を超えるでしょう。だからこそシェア1位を取り、「V-CUBE」をアジアにおけるビジュアルコミュニケーションツールのデファクトスタンダードにしたいのです。そしてアメリカ企業と、彼らが得意とするフィールドで真っ向勝負しなければならないときのために、今は自分たちの力を高めていくだけです。

社長の拠点をシンガポールに移したワケ

ブイキューブの本社は東京にありますが、私は2013年の初めから仕事と生活の拠点をシンガポールに移しています。そしてシンガポールを中心に、日本を含めアジアを飛び回っています。

社長自らシンガポールに移ったのは、社員の意識を海外へと向かわせたかったからです。

ビジュアルコミュニケーション事業は、まだ日本国内でも成長産業であり、当社も成長を続けています。現状ではアジア市場よりも国内市場のほうが利益も出ています。するとと本社にいる社員はどうしても国内事業を優先します。海外拠点で働いている社員からサービスの改良についての要望が来ても、後回しにしたり、「そんなことはできない」と突っぱねるようなことが起こります。これは当社に限らず、海外に進出している多くのベンチャー企業が陥るジレンマだと思います。

海外に拠点を持つというのは、自分のホームとは違う場所でビジネスをするということです。成功を収めるためには、国内以上に力を注ぐ必要があります。しかしそれがなかなかできない。そこで私は、自分が海外に行くしかないと判断したのです。

私が直接海外ビジネスの先頭に立ち、「今、東南アジアの状況はこうなっているから、こういうサービスを新たに追加してくれ」と指示を出せば、さすがに本社の社員も「そんなことはできない」と言うわけにはいきません。

また社長自ら拠点を海外に移すことは、「自分たちはローカル企業ではなくて、グローバル企業を目指すんだ」という社員へのメッセージにもなります。

こんな話をすると「社長が本社を留守にして大丈夫なのか」と思う人がいるかもしれま

せんが大丈夫です。たとえ日本とシンガポールで距離が離れていたとしても、「V-CUBE」のWeb会議を用いれば、スムーズにコミュニケーションが取れますから（笑）。

また国内での事業については、売上と収益を確保するためのビジネスモデルがほぼ完成し、あとは確実にオペレーションを回していけばいい段階になっています。つまり私がいなくても安心して社員に任せることができるわけです。

一方アジア市場は、まだ何もない更地《さらち》に近い状態です。だから私は自分のいるべき場所をアジアに移したのです。アジアでゼロからビジネスを立ち上げていく仕事が、これから本格的に始まります。

インタビュアーの目線

Facebook上でも、日本とシンガポールを頻繁に行き来する様子が見て取れる間下社長ですが、ご自身が家族共々同地に居を移すことで、遠隔地間のビジュアルコミュニケーションという自社サービスを活用した、これからのワークスタイルを体現されています。2013年12月に東京証券取引所マザーズへの株式上場を果たし、今まさに、飛ぶ鳥を落とす勢いです。

アジアなら、ベンチャー企業も一国の発展に寄与できる

河端 伸一郎

Shinichiro Kawabata

株式会社インタースペース
代表取締役社長

1970年千葉県生まれ。

1994年学習院大学経済学部卒業後、大和証券株式会社に入社。

1999年に株式会社インタースペース設立、代表取締役社長に就任。

成果報酬型インターネット広告であるアフィリエイト事業「アクセストレード」およびリアル店舗型アフィリエイト事業「ストアフロントアフィリエイト」などを展開。そのほかにもメディア・コンテンツ事業としてママ向けコミュニティーサイト「ママスタジアム」や恋愛ゲーム等の運営なども行っている。

Contact
東京本社
〒163-0808
東京都新宿区西新宿2-4-1　新宿NSビル8F
TEL : 03-5339-8680（大代表）
URL : http://www.interspace.ne.jp/

アジアなら、ベンチャー企業も一国の発展に寄与できる

とにかく始めようという思いにさせるアジアの熱気

私が大学生のときは所謂《いわゆる》バブル景気の後半に差し掛かった頃でした。海外志向があった私は、現役で大学に合格した代わりにアメリカの大学に留学させてほしいと両親に伝え、アメリカの大学に1年だけ通いました。

当時は世界の中で日本は注目の的で、日本式経営がもてはやされ、大学のマーケティングの授業ではクラス唯一の日本人である私にも興味を持ってもらうことが多々ありました。一方で日本はバブルでお金が余っている時代ですから、日本人留学生には日本の大学に入れず親が大学卒の箔《はく》を付けるために無理やりアメリカの大学に通わせているケースもありました。一方で当時まだ所得

Point

事業が国内でしか通用しないという先入観を疑ってみる。

自分たちの事業が一国の発展にも寄与できることを知る。

現地の若手起業家との交流が新しい未来を作る。

水準も今ほど高くなかった韓国や中国からの留学生は単に優秀なエリートであるだけでなく、国を背負って来ている使命感を持った学生が多く、これはいずれ日本は抜かれるのではないかという危機感を覚えました。

その後私は社会人になり、20代最後の年に起業をしました。それはバブル崩壊後の日本の余りに他責《たせき》的な、政治家や偉い人が何とかしてくれるといった考え方をどこかで変えなければならないという使命感と、閉塞した世の中をインターネットを使えば何か変えることができるのではないか？ という希望を持っていたからです。

とはいえ、起業した直後は自分たちの事業を成功させることで精いっぱい、会社設立後7年で東証マザーズに上場しましたが、まだまだやることはたくさんあり、海外で事業を展開するまでには相応の時間がかかりました。

私たちインタースペースは広告主とウェブサイトをマッチングする、成果報酬型ネット広告サービス（アフィリエイト）を主力事業とする会社です。営業マンによるソフト面でのサービスがカギを握る業種なので、その国の文化や慣習に根ざして活動している現地企業でなければ成り立たないのではないかと私自身は考えていたのです。

しかし、２０１2年に東南アジアを視察に訪ねたとき、そんな考え方は、簡単に吹き飛んでしまいました。「ビジネスをやるうえで、これほど面白い場所はない。とにかく始めよう」会社を創業した当時のワクワク感に近いものを感じました。とはいえもちろん面白そうということだけで始めようと思ったわけではありません。

というのも私は東南アジアでももっと現地のインターネット企業が成立しているのかと思っていたのですが、それが意外なほどに少なく、かつ弊社の主力事業であるアフィリエイトの事業を展開している会社が東南アジアにはほぼ存在していなかったのです。

一方で、東南アジアの国々でお会いしたのは20代で起業している若手経営者や日系ベンチャー企業の駐在員、ベンチャーキャピタリスト、投資家など、さまざまな世代や職業の人たちでしたが、驚いたことにみなが口々に、「これからのこの国のインターネットのビジネスは急成長します。やるなら今ですよ」と熱く語るのです。

もちろん中には、インフラの未整備などを理由に進出は慎重にすべきと冷静な意見を述べる人もいましたが、そんな評論家的な意見を圧倒してしまうような熱気が、どの国からも伝わってきました。

またそれと同時にそのときの視察では東南アジアでの日本のプレゼンスの低さを感じま

した。確かに街中は日本車が多く走っています。アニメが好きな人たちもいます。しかしながらモバイル端末ではｉＰｈｏｎｅは別としてもそれ以外は韓国や台湾、中国のメーカーばかりで日本製は本当に少ししかない。かつて日本のアイドルが人気と言われていたものの現在は若い女の子はＫ－ＰＯＰに憧れ、ファッションや音楽もその影響を強く受けている、それを日本人として非常に悔しく感じました。

何故そのようなことになっているのか？　例えば韓国は１９９７年のアジア通貨危機で国が破綻寸前となり、ＩＭＦの支援を受ける屈辱的な状態になりました。その中で中途半端な規模の内需をあてにせず、注力分野を絞り世界で勝つことを国民が決意したのだと思います。一方でギリシャの経済危機では国が破綻状態にあるにもかかわらず国民に危機感はなく、もっと自分たちの生活を良くしてほしいと要求するばかりに見えます。今財政危機にある日本は一体どちらに近いのか。

もっとそれぞれが自立して世界に出て戦わないと近いうちに本当に日本が破綻してしまう時期が来る可能性が高いと思っています。

私たちビジネスマンがすべきことはできる限りそのようなことが起こらないように、新しい産業を興し、世界に挑戦することです。そうすればより多くの企業や人が外向きの考え方を持つようになると思います。私たちのような会社が国外に出て活躍することができればもっとそれに続こうとする人たちが出てきてくれるかもしれないと思っています。そのためにも私たちは成功事例になりたい。メジャーリーグだって野茂が活躍したあとは次々と日本人が活躍し始めたし、サッカーでもカズが海外に挑戦したあと、ヨーロッパのメジャークラブに移籍をする選手が飛躍的に増えました。

もし本当に国が破綻してしまうようなことが起こってしまった場合にも、新しいものを作れる人材、そして世界で戦える人材がどれほどそのときにいるかということが国にとっての最後の財産になるのではないかと思っています。

成長市場真っ只中のアジアで発展期に寄与する

今インターネット関連の企業の経営者が盛んにアジアを訪問しています。Ｆａｃｅｂｏｏｋを見ていると毎日一体何人が行っているんだろうってくらいすごいですよね。非常に良いことだと思います。でも現地で実際に事業をしている人って本当に少ない。大半は視察で終わってしまっているか、現地の人件費が安いことを活用してオフショア開発をしている、要はマーケットとして見ていないケースがほとんどです。もちろんそれも現地に技術と雇用を提供しているので、けっして悪いわけではありませんがもっともっと多くの企業がアジアをマーケットとして進出してもいいんじゃないかって思います。

2050年には世界のGDPの50%以上がアジアになるのです。それを考えると長期的な成長を目指すのであればアジア各国に進出しないという選択肢はないわけです。

もちろん、「行ってすぐにビジネスになるかどうかはわからないし、そんな先のことは考えられないよ」という人も確かに多いとは思います。

私たちの会社もけっして成熟している会社ではありません。日本での成長が見込めなくなったから海外に進出しているわけじゃない。また当面の収益だけを考えたら国内だけでビジネスをしていたほうがよいかもしれません。

でも自分たちが今日本という恵まれた国で生きているのは、自分たちの両親や祖父母の世代が、戦後の焼け野原から立ち上がってまだ十分に体力がないうちから必死に頑張って世界に出ていった結果だと思うのです。それを自分たちの世代は食いつぶしつつある。そのままで良いわけないと思うのです。人口が減っていく日本の国内市場は長期的に見れば成長は難しい。ではどうすればよいのか？

アジアを一つの国家ぐらいに考えてビジネスを行えばよい。そう考えれば私たちは成長市場のど真ん中にいるわけです。

一方で海外で事業をするにあたって改めて考えさせられることがありました。それはその国の発展に寄与するということです。例えば当社が現在事業展開をしているインドネシアでは広告代理業について外資規制が行われています。

インドネシアの行政に私たちのビジネスモデルを説明したところ、広告業ではなく新しい分野の事業としてライセンスの許可が下りました。私はそのとき、海外で事業をするということの意義について考えさせられました。許可が下りたということは逆に言うと私たちの事業を「自国にはないノウハウであり、国の発展に貢献するものである」と認めてくれたことを意味するのだと感じました。

元々は自社の発展のために海外の国で事業展開を行うわけですが、一方でそのためにはその国の人びとに貢献をするものでなければならないということです。当たり前ですがその国には生活をする人びとがおり、その人たちの暮らしやビジネスの発展のために貢献をしなければなりません。その結果として我々が貢献した価値のぶんだけ収益を上げさせてもらうということなのだと思うのです。

弊社も現在中国、インドネシア、タイと3ヵ国でビジネス展開をしているほか、ベトナムでのシステム開発を行っています。各国で弊社のアフィリエイト事業のノウハウを持った人材が使命感を持って現地のメンバーにそれを伝えていくのを見ているのは非常に心強く、かつ誇りに思います。

各国のメンバーも私たちの考え方やビジネスに共感してくれています。非常に熱心にかつ柔軟に私たちのノウハウを理解しようと試み、一方でその国の状況を的確に教えてくれており、非常に頼もしく思っています。このようなやりとりのうえに将来的にビジネスが成功し、その国にも貢献し、何よりも一緒に働く仲間が幸せを感じてくれるようであればうれしいですね。私たちの会社の理念は「Ｗｉｎ-Ｗｉｎの輪を広げ明日の社会を担う企業に成長する」なのですから。

インタビュアーの目線

東南アジアでは、その概念すら認知されていないアフィリエイト事業を、日本で十数年かけて拡大させてきた実績やノウハウを総動員して普及させたいと語る河端社長。日本での事業立ち上げ期のワクワク感が蘇《よみがえ》るようで、東南アジア出張から戻ると表情が活き活きしていると社内でもっぱらの評判だとか。海外での第二創業、本当に楽しそうです。

収縮する国内市場への強い危機感が自然と海外に向かわせた

高橋 良太

Ryota Takahashi

株式会社サウザンドクレイン
代表取締役社長

1981年埼玉県生まれ。
2003年10月株式会社サウザンドクレインを創業。マンションの一室からスタートした会社も、2013年10月に11期目を迎え、東京、高松、福岡に計500席の自社コールセンターを運営。2012年、サウザンドクレイン初の海外拠点となるサウザンドクレインベトナムを設立。2014年フィリピンセブ島に多言語コールセンターを開設。

Contact

〒171-0021
東京都豊島区西池袋1-21-7　住友不動産池袋西口ビル8F
TEL : 03-5957-5111
URL : http://www.thousand-crane.co.jp/

収縮する国内市場への強い危機感が自然と海外に向かわせた

会社にも現地学生にもメリットのあるベトナム進出

海外展開の必要性を考えるようになったのは、ある時期から「うちの会社は、あと3年は国内マーケットで生き残っていける。でも30年後には淘汰《とうた》されているかもしれない」という、強い危機感を覚えたからです。

私は今32歳ですが、60歳になる頃には、日本の人口は現在よりも3300万人程度減り、1億人そこそこに激減するといわれています。国内市場の収縮が今後ますます加速することは、誰の目にも明らかです。それなのに、経営者が世界に目を向けなかったら、社員に対して責任

Point

収縮する日本だけを舞台にしていたら、企業は永続性を保てない。

日本企業だけでなく、世界の企業を相手にしたビジネスを実現する。

社長だけがグローバル化してもダメ。全社的に世界へ目を向けさせる。

が取れない事態も招きかねない。どう考えても、今のうちに手を打たなくてはいけないという強い焦燥《しょうそう》感に駆られたのです。

4年前、ビジネスの可能性を探るために最初に訪ねた先は、ベトナムのハノイでした。街に入った初日から、日本にはない活気を感じました。まず街を歩いている人がみんな若い。しかも日本の若者と比べると明るい印象を受けます。例えば日本では、信号待ちをしているときに、多くの若者は下を向いてスマホをいじっていますが、ベトナムにはそんな人は一人もいません。前を向いているし、目にも力があります。「この国だったら、何か面白いことができそうだぞ」と直感的に思いました。

当社は、コールセンターによるテレマーケティング事業を柱としていますが、ほかにデータ入力等の事務作業を企業から受託するBPO事業も手がけています。私はこのコールセンター事業もしくはBPO事業を、ベトナムでできないだろうかと考えました。必要となるのは、日本語ができるベトナム人です。

そこで現地大学の日本語学科を訪ね、日本語能力検定試験の1級や2級を持つ学生と実際に接してみたのですが、1級にもなると多少発音は違うものの、ほぼ完璧《かんぺき》に日本語をマスターしていました。しかも調べてみると、現地のトップ大学を出た学生でも初任給は2

50ドル。日本円に換算して約2万5000円ですから、日本の新卒の10分の1のコストで優秀な若者を採用できます。

また日本語を学んでいる学生の多くは女性なのですが、就職先といえば、空港や日本食レストランといった接客業に限られているのが現状です。ですから当社のようなオフィスワークは、学生たちにとっても憧れの職業でした。

つまり、当社がベトナムに進出することは、会社にメリットがあるばかりでなく、現地学生の夢を叶《かな》えることにもつながるのです。「これはいける!」と私は確信しました。

実際にベトナムにオフィスを開設したのは2012年7月のことです。会話で発音がネックとなるコールセンター事業ではなく、BPO事業を展開することにしました。主な業務は、取引先から受託した顧客情報等の入力作業ですが、データはクラウド上でやりとりするため、海外だからといって余分な時間やコストはかかりません。

今のところ、事業は順調に進み、ベトナムに日系の競合他社がまだ進出していないこともあり、採用にも困ったことはありません。新卒を採用すると、今度はその社員が自分の出身校の後輩をアルバイトに連れてきてくれます。会社としては、正社員だけではなくアルバイトにも優秀な人材を雇うことができるうえ、学生にとっては、仕事を通じて日本語を学びながらアルバイト代ももらえるわけですから、最高の環境のようです。

日本でもベトナムでも、大切なのは人

ベトナムで事業を立ち上げるときにいちばん不安だったのは、「せっかく優秀な人材を採用しても、すぐに辞められてしまうのではないか」ということでした。というのはベトナムでは、より良い待遇を求めてジョブホッピングが当たり前のように行われると聞いていたからです。ようやく業務に慣れた頃に辞められてしまっては、業務レベル向上の面でも、採用コストの面でも大きな痛手です。

けれども、これは取り越し苦労に終わりました。定着率はとても高いです。コミュニケーションを密に取りながら、居心地の良い環境を作り、仕事に対して公正な評価をすれば、人はそう簡単には辞めないものです。日本人だろうが、ベトナム人だろうが同じです。私も毎月1週間はベトナムに行くのですが、滞在期間中は必ず社員と食事をする機会を持ち、関係を深めるようにしています。

当社のいちばんの強みは「人」だと思っています。多くのテレマーケティング会社は、派遣会社を通じてスタッフを雇用しています。派遣社員のほうが、仕事が減ったときに雇用の調整がしやすいからです。しかし、当社のスタイルは真逆で、正社員もアルバイトも必ず自社で採用しています。また忘年会などの社内イベントでは、正社員もアルバイトも分け隔てなく、全員に参加を呼びかけます。人は組織の中で大事に扱われるとうれしいものだし、仕事に対する向上心も生まれてくるものですよね。

ですから当社は、ブランド力では大手には負けても、スタッフのクオリティーではまったく引けを取らないと自負しています。会社への帰属意識が高いぶん、平均勤続年数も長くなり、高いスキルを持ったスタッフが多いからです。

私はこの「人を大事にする」という会社の文化を、海外でビジネスを行うときも守っていくつもりです。「大事にされれば、期待されれば、人は頑張ることができる」という人の心理は、国や文化を超えて同じだと思うからです。

コールセンター業界のスターバックスになる

サウザンドクレインにとってベトナムでのオフィスの開設は、海外展開の第一歩に過ぎません。ベトナムの場合、海外事業といっても取引先は日本企業です。上述のように、私にとって海外進出のきっかけは、日本国内に留まった場合の将来性に対する危機感にあります。だからこそ、いずれはＢＰＯではなくテレマーケティングの分野で、多言語のコールセンターを設立して、世界のマーケットを相手にビジネスを手がけたいと考えています。

そこで海外展開の第二弾として、２０１４年3月にフィリピンのセブ島に新たなコールセンターを立ち上げます。これは現時点では、日本人の消費者向けに日本語でのテレマーケティングを行うための施設です。セブ島には日系の語学学校が数多く設立されていて、英語をマスターするために日本人学生がたくさん留学しています。そうした学生にアルバイトとして働いてもらうビジネスモデルを考えています。

そして、このビジネスが軌道に乗ったら、満を持して、英語のコールセンターを開設し、英語圏の消費者をターゲットにしたコールセンターをスタートさせるつもりでいます。

ちなみになぜフィリピンを選んだのかといえば、世界でいちばんのコールセンター大国だからです。フィリピンでは一定の教育を受けている人は基本的に英語が話せますし、しかも発音もネイティブに近い。そして人件費が安いのも魅力です。実際にアメリカの名だたるコールセンター会社がフィリピンに拠点を置き、アメリカ本土を中心とした英語圏の消費者向けにテレマーケティングを行っています。

当社がフィリピンに英語のコールセンターを立ち上げようとしているのも、アメリカ市場への進出を見据えてのことです。日本の何十倍もの規模を持つ世界一のアメリカの通販マーケットを本気で取りにいきたいと思っているのです。

さらにその先には、英語圏以外の国への進出も視野に入れています。我々が目指しているのは、コールセンター業界のスターバックスになること。どこの国に行っても「サウザンドクレイン○○○」という看板があり、各国で事業展開している状態を実現したいのです。

そこでカギを握るのはやはり「人」です。人を大切にすることで、スタッフの質を高め、他社が真似できないレベルの価値を提供する。これがいちばんの差別化ポイントです。

そしてもう一つ大切なのは、「自分たちはグローバル企業を目指すんだ」という意識を、私だけではなく社員全員で共有することです。ベンチャー企業の中には、社長は頻繁に海外に行っていても、社員は国内業務に専従させられている会社がよくあります。社長だけがグローバル化しても意味がありません。

当社では今、国内の社員を順番にベトナムのオフィスへ出張させています。会社が何を目指していて、これからどう動こうとしているのか。その最前線を自分たちの目で見て、感じてもらうようにしているのです。また入社3年目以上の社員については、将来の海外進出に備えて、オンライン英会話を無料で受講できる制度も導入しました。

30年後、サウザンドクレインという会社が世界レベルの企業になっているか、それとも国内マーケットの中で淘汰されているか。どちらの道を辿ることになるかについては、これからの取り組みに懸かっています。

インタビュアーの目線

22歳のときに同社を創業した高橋社長。すらりとして若々しい印象とは裏腹に、コールセンタービジネスという軸はぶれさせない、多角化経営はしないなど、堅実な経営スタイルを貫いています。オペレーターが消耗しがちなテレマーケティング業界において、人材の直接雇用にこだわっている点からも「人が第一」という信念が伝わってきます。

世界に出る理由は「そこにお客様がいるから」

谷孝 大

Dai Tanitaka

株式会社フューチャースピリッツ
代表取締役

1977年兵庫県生まれ。
少年時代からコンピュータに親しみ、プログラム開発をして雑誌への投稿などを行う。1996年大阪大学工学部に入学後、世界中に一瞬でつながるインターネットの可能性に魅力を感じて、フューチャースピリッツを個人事業として創業。1998年合資会社を設立。事業拡大に伴い、2000年6月京都リサーチパーク（KRP）へ活動の場を移し、有限会社フューチャースピリッツを設立（2001年1月に株式会社に改組）。サーバーホスティング事業を中心に、クラウドサービス事業、Webプロデュース事業を行う。2010年に中国の企業と資本提携、その後、マレーシア、タイにて現地法人を合弁で設立し、海外での事業展開を拡大中。

Contact
京都本社
〒600-8815
京都府京都市下京区中堂寺粟田町91番地　京都リサーチパーク9号館 7F
TEL : 075-326-3700
URL : http://www.future-s.com/

世界に出る理由は「そこにお客様がいるから」

関係作りに2年費やした上海の合弁会社設立

フューチャースピリッツは、サーバーのホスティングサービスを主力事業とする会社です。多くのホスティング会社がサーバーのレンタルに終始するのに対し、当社ではサーバーの運用・保守・管理にまで自社対応しています。当社のような低価格でこうした付加価値サービスを提供している会社は、非常に少ないと思います。

当社が付加価値サービスを提供しているのには、お客様に鍛えていただいたという面が大きいですね。当社は、EコマースなどのBtoCビジネスをやっているお客様が中心です。Eコマースは、どんなにアクセスが集中しても1秒たりともサーバーが落ちることが許されないシビアな世界です。その

Point

現地でのパートナー探しは、時間をかけてじっくりと。

東南アジアは、小回りの利くベンチャー企業に勝機がある。

アジアを面で押さえ、各国で均質のサービスを提供すれば勝てる。

シビアな環境で培ったノウハウが、今の私たちの技術力のベースになっています。

私たちが上海に進出することになったのも、お客様から声をかけていただいたのがきっかけです。私たちのお客様が成長著しい中国のマーケットに注目して、次々と調査に乗り出したり、進出し始めた2007年頃、中国でのホスティングサービスについての問い合わせが数多く寄せられるようになりました。

「サーバーなんてどこにあっても同じ」と思われるかもしれませんが、中国から日本のサーバーにアクセスしようとすると、かなりの時間がかかります。ちょうど日本の15年前くらいのインターネットの接続スピードの感覚です。また中国の場合は、国がネットの検閲を行っているために、突然ブロックをされて日本のサーバーにアクセスができないということも起きます。だから現地に進出した企業は、中国国内にサーバーを置かざるを得ないわけです。

ところが中国のデータセンターは、技術力にもサービスにも難があります。今はさすがにそんなことはありませんが、当時は金曜日の夜に何らかの理由で機械に不具合が起きてホームページにアクセスできない状態になったら、月曜の朝まで諦めるしかないというケースもありました。これはWebサイトをビジネスに活用している企業にとってはあり得ない環境です。そこで当社のような、サーバーについての高い運用・管理・保守技術を持ち、お客様の問い合わせにも営業がすぐに駆けつけ、しかも日本語対応する会社が求められたのです。

私も中国でのビジネスには関心がありました。会社設立の準備のために上海を訪れるたびに、新しいビルができて街の風景が一変しています。でも一歩路地に入ると昔ながらの家並みがあって、Tシャツ姿のおじさんたちが暇そうにトランプで遊んでいたりする。新しいものと古いものが入り交じった混沌《こんとん》たる様に魅力を覚えたものです。

ただし、初めて私が上海を訪れた2007年から、会社を設立した2010年まで、ずいぶんと時間がかかってしまいました。当初は自前で会社を作ることを考えていたのですが、やがて私たちのような業種はライセンス取得が難しく、合弁の道を探る必要があることがわかりました。しかも出資比率は私たちのほうがマイノリティになる。それもあってパートナー探しに時間を費やすことにしたのです。

今の現地でのパートナーとは、資本提携するまで2年ぐらいの年月をかけてじっくりと関係を築いてきました。「これでもし裏切られたなら、自分の見る目がなかったということだ」という諦めがつくぐらいには、コミュニケーションを取ってきたつもりです。また、先方のビジネスに私たちの技術力を提供するなど、当社と良好な関係を続けることのメリットも作っています。

外国の企業と資本提携をするときには、つい相手を警戒してしまいがちです。けれども「ビジネスを成功させて、お互いにハッピーになりましょう」という姿勢で臨めば、裏切られることはそんなにないと思います。逆にこちらが相手を利用しようとすれば、相手もこちらを利用しようとします。これは日本人だろうが中国人だろうが同じです。

上海では、私たちの日系企業向けのサービスが受け入れられ、今では1000社近い企業と取引をさせていただいています。最近は反日暴動のときの日系企業への破壊行動などの影響もあって、中国でのビジネスを躊躇《ちゆうちよ》する企業も多いようですが、それでも中国のマーケットに可能性を感じて、新たに進出する企業は確実に存在しています。当社の新規契約のペースも落ちていません。むしろブームに流されて中国進出を考える企業が減り、本気の企業ばかりになったと感じています。

私は一時的に日本商品への不買運動が起きたとしても、一度日本の商品の品質の高さを知ってしまった中国の消費者は、それを手放すことはできないと思っています。中国は日中問題だけではなく人権問題や民族問題などさまざまな問題を抱えていますが、それでもこれからマーケットは確実に伸びていきます。チャンスが大きい国だと思います。

世界各国で均質のサービスを提供できれば勝機がある

フューチャースピリッツでは2011年にマレーシアのクアラルンプール、2013年にタイのバンコクに、新たに現地法人を立ち上げました。中国でのサーバーの運用・保守・管理のノウハウがある程度溜まってきたので、このノウハウを活かしてほかの国でも同様のサービスを展開できるフェーズに入ってきたからです。

タイとマレーシアを選んだのは、やはりそこにお客様がいるからです。今のところ私たちの顧客は日系企業です。ですから日本の企業が進出しているところには、私たちも進出したいと思うのです。それは、将来的に東南アジア全域に拠点を設けることを意味します。毎年1～2件ぐらいのペースで拠点を増やしていき、2017年には東南アジア10ヵ国でビジネスを展開しているのが目標です。

東南アジアは中国と比べれば、一国あたりの市場規模はとても小さいものです。ASE

ANで地域統合が進められているとはいうものの、国ごとに政治体制や経済状況やインフラの整備度がそれぞれ異なるので、大手のホスティングサービス会社にとっては参入しにくいマーケットでしょう。だからこそ小回りが利く私たちベンチャー企業にとってはチャンスが広がる市場です。

私たちの戦略は、ASEAN全体を面で押さえるというものです。それぞれの国単位では、日系のホスティングサービス会社はあります。しかし国を超えて事業を展開している会社はほとんどありません。私たちがタイやマレーシア、また今後展開を計画しているほかの国、例えばインドネシアなどでも、同じ品質のサービスを提供できる体制を構築すれば、お客様は、新しい国に進出するたびに新たなホスティングサービス会社を探す手間が省けます。

さらに、現在のお客様は日系企業ですが、やがては世界中の企業をお客様にしたいと思っています。例えばアメリカの企業がタイに進出するときにも、私たちのソリューションを選んでもらえるようになりたい。世界中の企業が世界でビジネスを展開するときに、そのベースを支えているのは日本の企業、フューチャースピリッツという状況を実現したいんです。

10年後の自分が見える人生なんてつまらない

私が会社を創業したのは1996年、大学在学中の19歳のときです。以来、時間をかけて着実に会社を成長させてきました。海外進出を視野に入れ始めた2007年頃から、明らかに自分でもギアチェンジをしたと思います。会社の成長スピードにドライブがかかりました。

ちょうどその頃、10年後の会社の在り方や、40歳になったときの自分の姿が、何となく見えてきてしまったんですね。それに気がついたときに「これじゃあかん」と思ったんです。私たちの事業は、典型的なストック型のビジネスなので、お客様の契約件数から1年後の収益も予測できる。つまり、リスクを冒さずに安定的な経営を目指そうと思えば、いくらでもできてしまうのです。けれども、それでは面白くないと思ったんですね。幸いなことに、一緒に働いているメンバーも私の思いに共感してくれました。

そもそも私が19歳で起業した背景には、「やりたいと感じたときには迷うことなく動き出さなくてはいけない」と思ったことがあります。父親を子ども時代に早く亡くしたことや、地元関西で阪神・淡路大震災を経験したこと、また志半ばで亡くなった父親や、震災で亡くなられた方々のぶんまで、しっかりと生きたいという想いも強くあります。

海外への挑戦は、「社会に対してより大きな影響力を持つ会社になる」ように目指すということです。資金的にも人員的にもぎりぎりのところで勝負しなくてはならないので、当然リスクはあります。でもそれ以上に、今はワクワクするような大きな未来を感じています。

インタビュアーの目線

レンタルサーバー・ホスティングという典型的なストック型ビジネスを手がけていながら、経営者なら誰もが羨《うらや》む安定に背を向け、挑戦を続ける谷孝代表は、やはり根っからのベンチャーマインドの持ち主。そんなバイタリティーと、中国で反日デモが起ころうとも、どっしり腰を据えて難局を乗り切る胆力が、海外展開の原動力になっているのだと感じました。

日本を出たときこそ、
日本人のアイデンティティーを忘れない

佐久間 将司

Masashi Sakuma

EMZ株式会社　代表取締役社長
EMZ税理士法人　代表社員
公認会計士・税理士

1972年東京都生まれ。
1996年3月、慶應義塾大学卒業、監査法人トーマツに入社、監査業務に従事。1997年1月、東京共同会計事務所にて、証券化、デリバティブ商品のコンサルティングに従事。1999年5月、HSBC証券投資銀行部門、JPモルガン証券投資銀行本部にて、上場企業のM&A、資金調達、IR等に従事。2004年11月、フィールズ株式会社にて、M&A、グループ戦略、IR、資本政策等に執行役員として従事。2009年3月、EMZ（エムズ）株式会社代表取締役社長に就任後、EMZ（エムズ）税理士法人を設立。税務顧問、経理アウトソース、労務管理等のワンストップサービスを展開。2012年12月、EMZ ASIA HOLDINGS（香港）のManaging Directorに就任。海外法人設立・口座開設・進出支援・PBサービスを展開。

Contact

〒105-0001
東京都港区虎ノ門2-7-10　虎ノ門ニューファッションビル2F
TEL : 03-6206-1388
URL : http://www.emzgroup.com/

日本を出たときこそ、日本人のアイデンティティーを忘れない

「会計事務所がそこまでやるか!?」

公認会計士と税理士の資格を持つ私が、ＥＭＺを設立したのは２００９年のこと。ただしＥＭＺは単なる会計事務所ではありません。スタッフの中には社会保険労務士の有資格者もおり、会計や税務だけでなく、労務、財務、登記までをワンストップでサポートできることを特徴としています。

ＥＭＺのもう一つの特徴が、海外での事業に注力していることです。

昨今、企業の海外進出支援を事業内容の一つに掲げている会計事務所は増えてきてはいるものの、現地に拠点を構え、スタッフを採用しているところは、まだごくわずかではないでしょうか。そうした中、私たちは２０１２年

Point

- 日本企業の海外進出が加速する今、その支援ビジネスにもニーズが高まっている。
- 海外進出の前に、足場作りに注力する。
- 海外だからこそ、日本と同質のサービス提供が強みになる。

12月、香港にEMZ ASIA HOLDINGSという子会社を立ち上げました。

香港事務所の役割は、中小企業のお客様が海外に進出する際に直面する障壁を少しでも取り払い、事業の進展をサポートすることです。

大企業であれば、海外展開をするにも豊富な資金力と人手があるため、十分なリサーチや準備を経て進出することができます。しかし中小企業の場合は、事務所や駐在員の住居の確保、現地のスタッフの採用といったところから、何もノウハウがないままに取り組まなくてはならないケースが少なくありません。日本であればたやすくできることも、海外では大きなハードルとなるのです。

海外に拠点を置くということは、日本とは言語も法律も商慣習も異なる場所でビジネスを始めるということです。ただでさえ大変な事業の立ち上げ時に、私たちにできることは、極力お手伝いしたい。こうしたサポートがより充実すれば、日本の中小企業はもっと海外に挑戦しやすくなると思うのです。

こうした考えから、香港事務所では会計業務以外の支援も積極的に行っています。例えば、「香港で事業を始めたいので、現地のパートナーを紹介してほしい」「事務所探しを手伝ってほしい」といった相談ごとにも臨機応変に対応可能です。

「会計事務所がそこまでやるか!?」と言われることもありますが、お客様の事業環境を支援するという意味では、パートナー紹介や事務所探しのお手伝いをすることと、会計業務に何ら違いはありません。せっかくお客様が私たちを頼って相談を持ちかけているのに、会計事務所という体裁にとらわれてお断りするような真似は、私にはできませんね。もちろん、このスタンスは、日本でも同じです。国内外を問わず、会計から財務、労務までワンストップでお客様にサービスを提供できるよう、努めています。

また香港事務所では、中小企業の海外進出支援のほかに、個人のお客様を対象に海外銀行口座や海外証券口座の開設、海外資産保全のサポートなども行っています。こうした個人を対象としたサポート業務も今後は増えてくることでしょう。

足場作りに力を注いだ数年間があって、今がある

香港事務所開設に際しては、現地で広告代理店を経営する日本人パートナーの協力を得て、同社の事務所の一角を間借りする形でスタートすることができました。パートナーは、香港で20年間以上広告業に携われてきた方で、現地に関するさまざまな情報やアドバイス

は大変参考になります。

事務所には現在、日本人スタッフを一人常駐させています。ただし、当人は香港で会計業務を行う際に必要となるライセンスを持っていないので、決算・監査・申告については、信頼できる現地の会計事務所と提携して対応しています。

もちろん、いずれ業務が拡大してきたら、ライセンスを持った人材を採用して、すべて内製化するつもりです。今は私たちもまだ種まきの段階。本格的に事業を展開することになるのはこれからです。

海外に事務所を構えることについては、起業した2009年時点から考えていました。当時は、リーマンショック直後で日本の景気が冷え込んでいるときでした。けれども、景気が回復したとしても、日本のマーケットが縮小傾向にあること自体は変わりがありません。今後は中小企業の中にも、新たな活路を求めて海外に出ていくところが増えるはず。それならば、私たちも海外に出ることによって、お客様のためにお手伝いできることがもっとあると考えたのです。

海外で事業を手がける際には、ネットワーク作りが大切になります。海外に事務所を構えるならば、まずは香港かシンガポールと考えていた私は、頻繁に現地を訪れては、いろいろな方にお会いすることに徹しました。広告業をやっている日本人パートナーや提携している現地の会計事務所、現地採用スタッフも、そうしたご縁から出会ったのです。

海外に会社を設立すること自体は簡単です。難しいのは続けることです。「自分たちは海外で何がやりたいのか」「やりたいことを実現するためには、どこの国や都市が適しているか」といったことをしっかりと見極め、現地で信頼できるパートナーを見つけたうえで進出しないと、なかなかうまくいかないと思います。私も海外展開を考えるようになってからの数年間は、そうした足場作りに力を注いだわけです。

ちなみに候補に香港とシンガポールを選んだのは、どちらも金融都市と貿易都市という二つの機能を備えており、アジアの中では経済が成熟している都市だったからです。会計事務所に対するニーズもきっと高いはずだと考えました。二つの候補先から最終的に香港を選んだのは、進出している日系企業の数が圧倒的に多いことが決め手となりました。確かに近年はシンガポールに進出する企業が急増していますが、一方で撤退する企業が多いのも事実です。現地に根を下ろした企業に継続的にサービスを行うことができるという点から香港を選択したのです。

今後は香港の事務所を拡充するとともに、さらにほかの国や都市にも活動を広げていきたいと考えています。その際にも、自分たちの仕事を「会計業務」という狭い枠に留めるつもりはありません。

今、私の頭の中にあるのは、インドでサービスオフィスを開設することです。日系企業による東南アジアへの進出の動きが一段落したあとには、おそらくインドへの進出が本格化するはずです。しかしまだインドには、中小企業が少人数で事業を始めるときに適したオフィスがあまりありません。そこで日本語対応ができるスタッフが常駐するサービスオフィスを自分たちができないかと考えているわけです。もちろん、そこでも自分たちの本業である会計や税務の面でのサポートも行っていくつもりです。

おもてなしの精神こそ、日本人の強み

私は日本人が海外で仕事をするうえで、絶対に無くしてはいけないものがあると思っています。それは、おもてなしの心です。相手の立場に立ち、細かい配慮ができるおもてなしの精神は、世界の中でも日本人だけが持っているものです。異国の文化や習慣に溶け込

むことはもちろん大事ですが、一方でおもてなしの精神も忘れないでいたいものです。

ところが、海外に長く滞在していると、自分のアイデンティティーを忘れたかのように、その国のスタンダードに染まってしまう人が少なくありません。日本人相手にビジネスをしているのに、「この国のスタンダードはこういうもの」と、押しつけてしまうのです。

それは、日本人としての強みを自ら放棄しているようなものです。同じサービス基準で良ければ、わざわざ海外で日本人と取引する意味はなく、現地企業を選んだほうが、ずっとリーズナブルということになってしまいます。

そこで私たちは日系企業を相手にビジネスをする限りは、日本と同じレベルのサービスを日本語で提供することを徹底しています。お客様から「EMZと仕事をするとホッとする」「EMZには安心して仕事を任せられる」と言われるような存在でありたいのです。

またこれから海外に新たに挑戦しようとする方を、温かく迎える態度も大切にしたいですね。これも日本人の欠点なのですが、日本人は新参者に対して冷たいところがあります。まだ初心者で知識も経験も浅い相手に対して「そんなことも知らないのか。勉強不足だ」と切り捨てる傾向が強いと思います。

私の見る限り、今のところは海外に進出している中小企業そのものが少なく、誰もが新参者という状況なので、お互いに支え合おうという雰囲気があるかと思います。けれども、海外進出が当たり前となり、競争が表面化してきたときには、排他的な動きが起きないとも限りません。

そんな中で私たちは、これから海外に一歩を踏み出そうとしている方たちから、気軽に声をかけてもらえる存在でありたいとも思っています。日本企業と日本人のチャレンジを後押しすることで、一緒にお客様と海外で成長し、成功を収めたいのです。

インタビュアーの目線

会計を切り口にして、日本の中小企業や個人に対し、日本流のおもてなし精神で、日本品質のあらゆるサービスを、日本そして世界で提供したいと話す佐久間社長。監査法人や外資系証券会社、エンターテインメント会社で実務経験を積んできた方だからこそ、高みの見物ではない、当事者意識を持ったソリューション提供に自然と意識が向かうのだと納得しました。

海外でこそ、強い信念を持って自分の足で動く

坂本 幸蔵

Kozo Sakamoto

株式会社リッチメディア
代表取締役社長（CEO）

1982年大阪府生まれ。
摂南大学卒業後、2006年にサイバーエージェントに新卒で入社。大阪支社に勤務。関西地域での営業実績を評価され、同年10月と翌年4月に同社初の通期連続新人賞を受賞。その後、2007年5月に子会社の株式会社CAテクノロジー取締役に同社最年少で就任。常務取締役を経て、2010年5月に退社。同年6月に独立、ネットサービスやメディア制作などの株式会社リッチメディアを設立して、代表取締役社長に就任、現在に至る。最近では医師が監修するメディア「スキンケア大学」に経営投資し、「アイディアと情熱で夢を叶える」会社を実現すべく、奮闘中。

Contact

〒160-0023
東京都新宿区西新宿7-20-1　住友不動産西新宿ビル24F
TEL : 03-5338-0238
URL : http://www.rich.co.jp/

海外でこそ、強い信念を持って自分の足で動く

初めての海外事業を新入社員に任せたワケ

２０１３年春、私はある決断をしました。リッチメディアとして初の海外進出先となるインドネシアの責任者に、新卒の新入社員を抜擢《ばってき》したのです。

リッチメディアは、美容と健康をメインに、Ｗｅｂマーケティング事業、Ｏ２Ｏ事業、メディアデザイン事業の三つを主力事業とする会社です。

このうちメディアデザイン事業では、女性の美肌をテーマにした美容ポータルサイト「スキンケア大学」を運営しています。ユーザーの口コミが中心の類似サイトはありますが、「スキンケア大学」では医師やビューティーアドバイザーといった美容・健康の有識者が、専門家の見地からスキンケアを中心に、肌・体・心におけるライフスタイルについてアドバイスを提供して

Point

東南アジアの女性は、日本のスキンケア商品に強い憧れがある。

仕事をするうえで、年齢や実績は関係ない。

海外でこそ、自分の足を使って行動すべし。

います。

情報があふれ、何が正しい情報なのかを見極めるのが難しくなっている昨今、「確かな知識を持って商品を選びたい」と願うユーザーをサポートするのが、当サイトの目的です。

インドネシアでの事業は、この「スキンケア大学」を海外展開しようというもの。日本のスキンケア商品に強い憧れを抱く東南アジアの女性たちに向けた情報発信は、きっと喜ばれると考えたのです。

当社にとって初めての海外事業を、まだ経験の浅い新入社員に任せることにしたのは、私自身が新人時代に、そうやって鍛えられたからです。新卒でサイバーエージェントの大阪支社に営業職として配属された私は、1年目にMVPをとりました。そして2年目には、なんと新設された子会社の役員を任されたのです。周りを見回せば、社長は入社6年目の中堅、7人の社員は全員新卒と、普通の会社では考えられないような人員配置でした。

その会社はSEO対策を主力事業に据えていたのですが、業界の中では最後発。厳しい状況の中、若さだけが取り柄の人員でもがき苦しみながらも、4年目には数億円の利益が出るところまで会社を成長させることができた。これは得難い経験でした。

仕事をするうえで、年齢や実績は関係ない。20代でも環境を与えれば伸びる人間はたくさんいる。もちろん失敗もするけれども、若いうちは失敗さえも糧《かて》になる。だから成長する可能性を持った人にこそ、重要な仕事をどんどん任せたほうがいい。これが私の考え方です。

私が人を見るときの基準は大きく五つあります。①夢や目標を持っていること、②最後までやり切る力があること、③真摯《しんし》であること、④向上心があること、そして⑤チームワークを大切にしていることです。

上述の新入社員は、初めからこの五つすべてを備えていました。母子家庭で育った彼は、「自分が頑張ることで、母に恩返ししたい。そのためにも海外へ出て成功したい」という気持ちを強く抱いていました。彼の向上心や粘り強さは、母親への思いがあればこそだったのです。私も母子家庭で育ったので、気持ちはよくわかります。育った環境が似ているぶん、逆に彼には厳しく当たってしまうこともありましたが、入社前のインターン生のときに、私が設定したハードルを見事にクリアして、きちんと実績を残してくれました。新人をいきなり海外の新規事業の責任者に据えるのは、思い切った人事でしたが、社内の誰もが納得したうえでの抜擢でした。

女子学生からリアル「いいね！」を集める奇策

インドネシアに事務所を開設したのは２０１３年5月です。オフィスもなければ住むところも決まっていない。現地に何かコネクションがあるわけでもない。責任者に指名した新入社員以外にはスタッフもいない。それは、まったくのゼロスタートでした。

現地とは、最初のうちはスカイプを使って、２日に1回ぐらいの頻度で連絡を取っていましたが、彼から進捗《しんちょく》状況を報告してもらうだけで、私からは具体的な指示は一切出しませんでした。私は彼に常々、「君にできるのは足を使うことだけ。自分の足で道を切り拓け」と言って聞かせていました。かつての私もそうだったように、新人の間はスキルも知識も経験もありません。あるのは足、つまり行動力だけです。そうであればその足で、ほかの人がやらないことをやることで頭角を現していくほかないのです。

私の言葉を受けて、彼はまず、現地のネットメディア関連の企業にアポイントを取り、情報収集を始めました。２~3週間で20~30社は回ったのではないでしょうか。

次に彼は、大学のキャンパスを訪ねて、女子学生たちに直接声をかけていきました。「スキンケア大学」はＦａｃｅｂｏｏｋと連動しているので、彼女たちにＦａｃｅｂｏｏｋページを見てもらいながらコンテンツについての感想や意見を聞き、賛同してくれた人にその場で「いいね！」を押してもらうようにしたのです。ネットメディア業界への情報収集の結果、インドネシアの若者たちの間ではソーシャルメディアが浸透していることがわかったので、これを有効に活用することにしたわけです。

結果は大当たりでした。キャンパスで声をかけた若い女性たちがインフルエンサー（ほかの消費者に大きな影響を与える人）となることで「いいね！」の輪が広がり、５ヵ月間で「いいね！」が１００万弱に達したのです。現在のところ、インドネシアの美容系ポータルサイトでは、トップの支持を集めているのではないでしょうか。

成功の理由は、いうまでもなく抜擢された新入社員が「このサービスを成功させたい」という強い信念を持って、自分の足で動いたことです。キャンパスで直接女子学生に声をかけることでファンを獲得していくという方法は、その気になれば誰でもできるものです。けれども、実際には誰もやろうとしない。誰でもできるのに誰もやろうとしないことに彼が地道に取り組んだからこそ、成功したのです。

強い信念を持って自分の足で動くこと。その大切さは、国内でも、海外でも変わりませんが、とりわけ海外でビジネスをするときに、重要になってくる原理原則だと思います。海外では、国内で通用していたスキルや知識、ノウハウがまったく通用しない場面に数多く直面することになります。だからこそ、自分の足で動きながら、国やマーケットの特性を知り、消費者が求めているものを掴《つか》み、お客様を開拓していくしかありません。

海外で働くときに求められるのは、MBAホルダーのように頭の中で美しいビジネスプランを描く力ではなく、泥臭い行動力なのです。

世界の10人に1人が自分たちのサービスを使う未来

「スキンケア大学」は、今後はインドネシアだけではなく、タイや台湾といったアジア諸国にも展開していく予定です。日本のスキンケア商品に高い関心を抱き、正しい情報を求めているユーザーはインドネシア以外にもたくさんいます。また、私たちが各国で美容ポータルサイトを運営することによって、海外の女性たちがどんな商品を求めているのか、消費者ニーズが把握できるため、日本の取引先にとっても有益な情報源になるはずです。

そして、アジアでナンバーワンとなった暁には、北米やアフリカ、ヨーロッパにも進出したい。「スキンケア大学」だけではなく、ほかのサービスについても積極的に海外展開していきたいと考えています。

私の目標は、起業家として新しい事業を創出することによって、できるだけたくさんの人に影響を与えられる存在になることです。「このサービスができて本当によかった」と多くの人に思ってもらえる事業を作り出していきたい。なぜなら、それこそが社会における会社の存在意義、そして自分自身がこの世で「確かに生きてきた」という証になると思うからです。

最終的には、世界の10人に1人が、リッチメディアが提供する何らかのサービスを利用してくれるようにしたいですね。日本国内だけに留まってビジネスをしていたのでは、とても夢を叶えることはできないのですから、私にとって海外に進出するのは当然のことなのです。

私は「多くの人に影響を与えられる存在でありたい」という思いを、社員に対しても抱いています。社員もまた私と同じように夢や目標を持ち、可能性を秘めています。ですから私と一緒に仕事をする中で、彼らの可能性が引き出され、夢や思いを実現してくれればいいと思うのです。そして仕事を通じて、彼ら自身にも「自分の生きた証を残せた」という実感を味わってほしい。だから私は、強い思いと行動力を持った社員については、年齢や経験に関係なく抜擢するのです。

もちろん世界に出ていく過程では、何度も挫折《ざせつ》や失敗があるでしょう。しかし私はたとえ傷を負っても、命がある限りはほんのかすり傷だと考えるようにしています。たとえ大きな挫折があったとしても、もう一回やり直せばいいだけのことです。そういうバイタリティーも、海外に挑戦するときにはとても大切になると思います。

インタビュアーの目線

ご自身が新人時代に経験した大抜擢による急成長を、現在の経営に大いに活かしている坂本社長。海外進出の要諦《ようてい》は、任せ切る！　足を使う！　スピード！　と、直球で気持ちの良いお話をしてくれました。社長も若ければ、海外事業を任される責任者も若いということだけでも、無限の成長性が感じられます。会社はもちろん、インドネシアを任された若手の社員の将来も楽しみです。

海外への挑戦を助けるために
自分たち自身がまず挑戦する

秋山 勝

Masaru Akiyama

株式会社ベーシック
代表取締役

1972年東京都生まれ。
高校卒業後、商社での営業職、ITソリューション受託会社の物流センター立ち上げ、広告代理店での新規事業立ち上げ等を経て、2004年株式会社ベーシック設立。主力サービスのウェブマーケティングポータル「Ferret」は会員数20万人超。2012年8月にリリースしたスマートフォン用ゲームアプリ「マッチに火をつけろ」はシリーズ累計400万ダウンロードを突破。翌年2月にはスマートフォン用ケースブランド「phocase」を立ち上げるなど、インターネット業界にとどまることなく、成長市場にてユーザー視点かつスピーディーなサービス展開を行う。

Contact
〒102-0082
東京都千代田区一番町17-6　一番町MSビル1F
TEL : 03-3221-0311
URL : http://www.basicinc.jp/

海外への挑戦を助けるために自分たち自身がまず挑戦する

サイト運営会社が、シンガポールに讃岐《さぬき》うどん専門店!?

当社の主力事業は、引越しや留学、結婚情報サービスといった、さまざまなジャンルの比較サイトの運営です。そのほかには、スマートフォンアプリの開発やスマートフォンアクセサリー事業などを手がけています。

そんな私たちですが、２０１３年にシンガポールで現地法人「ジャパンフードカルチャー（ＪＦＣ）」を設立し、讃岐うどん専門店をオープンさせました。

比較サイトの運営会社がシンガポールで、まったく畑違いのうどん店

Point

アジアでのモデルケースを作るためには畑違いの事業にも挑戦する。

アジアでのビジネスは、スピード感がすべて。

自ら汗をかいて得たノウハウをもって、東南アジア各国への横展開を図る。

を始めたのは、もちろん理由があってのことです。

実は当社では、フランチャイズ（ＦＣ）本部と加盟希望者のマッチングを目的としたフランチャイズオーナー募集サイトを運営しており、今では類似サイトの中では、国内最大級となっています。

当然、クライアントであるＦＣ本部の方々とは密接な関係にあるのですが、最近は、アジア進出に関する相談が頻繁に持ちかけられるようになっていました。相談の趣旨はおしなべて、「アジア展開を前提に、現地でＦＣ店となる企業や人物を探している」というもの。しかし、残念ながら当社には、アジアでのＦＣ展開に関する知見も、現地の人的ネットワークもなかったので、具体的なサポートをすることはできません。それでも、ご期待に添えない対応に終始しているうちに、「これでいいのだろうか」という気持ちになってきたのです。

成長著しいアジアに出たいと考えるＦＣ本部も増えている中で、海外でのビジネスパートナーを見つける術《すべ》がない中小企業については、門戸が閉ざされているも同然。それならば、日本国内でマッチングを生業としている私たちにこそ、閉ざされた門戸をこじ開ける使命がある。心は決まりました。

とはいえ、単純に英語のマッチングサイトを立ち上げただけで、日本のＦＣ本部とアジアのＦＣ加盟希望者たちのマッチングを傍観するようなことは、やりたくありませんでした。というのも、海外では現地法人の設立からパートナーとの交渉、店舗物件探し、人材採用、食材調達まで、すべてが日本と勝手が違います。各ＦＣ本部としては、アジア展開をしたくても、そのノウハウがないから、アジアに出られないわけで、サイトを立ち上げるだけでは根本的な問題解決にはなりません。

それなら自分たちが、直接アジアでＦＣ店を経営してみてノウハウを習得し、成功体験を積むことで、中小企業のアジア進出を、当事者意識を持って支援できるのではないかと思ったのです。そこで、香川県高松の讃岐うどん店「たも屋」のフランチャイズ加盟店となり、まずはシンガポールに1号店を出店。さらに同社から、東南アジアにおけるエリアフランチャイザーの権利も取得し、現在ではシンガポールに直営2店、ＦＣ1店を展開しています。

スピード感が周りを本気にさせる

最初にFC展開をする場所としてシンガポールを選んだのは、シンガポールが「アジアのショーケース」といわれる場所だからです。シンガポールでヒットした商品やサービスは、ほかの東南アジアの国々でもヒットする確率が高く、シンガポールでFC運営のビジネスモデルを確立できれば、そのモデルを他国でも展開しやすいと考えたのです。

かくいう私は、シンガポールどころか、東南アジアへも行ったことがなかったので、とにかく1回行ってみようと、のちにJFCの責任者となる古閑と一緒に現地を訪問してみました。2012年7月のことです。

初めて見るシンガポールの街は、噂《うわさ》に違《たが》わず活気にあふれ、平日でも、夜中でも、たくさんの人でにぎわっています。日本食レストランが街中の至るところにあり、現地の人たちが日本に対して高い関心を抱いていることを実感しました。「じゃあ、ここシンガポールで、実際にFC店をやってみようか」ということになったのは、この初訪問のときでした。

また、数ある飲食業態の中でうどん店を選んだのは、シンガポールにはラーメン店はたくさんあっても、なぜかうどん専門店がなかったからです。これは意外でした。やはり、実際に街を歩いてみることが大切ですね。現地に駐在している日本人に相談すると、「確かにうどん店があったら、こっちの人は喜ぶと思うよ。特に自分で具を選んでのせて食べるセルフ式の讃岐うどんなんて、こっちの人はライブな感じが大好きだから、きっと人気が出るよ」と言ってくれます。「よし、うどんでいこう！」と即決です。

そして、日本に戻ってきた翌日からFC本部探しを開始。讃岐うどんの本場である香川県にあるうどん専門店に片っ端から電話をかけて、私たちの思いを話しました。また自分たちも直接香川県へ行って、美味しいうどん専門店を探して、食べ歩きもしました。そうした末に、うどんが美味しくて、なおかつ私たちのビジョンに共鳴してくれた「たも屋」とパートナーシップを結ぶことにしたのです。

すぐさまシンガポールに現地法人を設立。10月には1号店の物件が見つかりました。11月には、店長を任せられる飲食業経験者を採用。12月には設備面や食材の調達の目処が立ち、翌年1月には「たも屋」の研修、および店舗の設計施工を開始、そして3月に1号店がオープンしたのです。

初めてシンガポールを訪問した2012年7月から店舗オープンまで、この間わずか9ヵ月のことですから、かなりのスピードです。結果として、このスピード感が周囲を真剣にさせました。立ち上げを手伝ってくれていた周りの人たちは、猪突猛進《ちょとつもうしん》に取り組む私たちの姿勢に「こいつら、本当にやる気だぞ」と共鳴し、本気になってプロジェクトにコミットしてくれるようになったのです。海外での事業展開となると、まず入念なリサーチから始めるのが順当のように思いますが、私には、むしろスピードだと思えてなりません。

シンガポールから東南アジア各国へ(古閑氏)

秋山も話していたように、私もアジアでビジネスをするときにはスピードがカギを握ると思います。日本といちばん違うのは、アジアの人たちはとにかくジャッジが速いこと。こちらが判断を遅らせていると、あっという間にチャンスを逸します。

けれども、それ以外のことについては、「日本とあまり変わらないな」というのが率直な感想です。私たちがいちばん懸念していたのは従業員の定着率でした。いろいろな人から「現地の人たちは雇ってもすぐに辞めてしまう。特に飲食業は大変だ」と聞いていましたが、蓋《ふた》を開けてみると、日本と特別な違いは感じません。現地で採用した従業員の一人は、「次に出店するときは、ぜひ店長をやらせてほしい」と自ら申し出てきたほどです。ただし、今の店舗では定着率が高いからといって、次に出店する店舗も同じとは限りません。定着率が高い理由をしっかりと分析して、再現性の高い仕組みに落とし込んでいく必要があると思っています。

店の経営も順調です。メニューで特にお客様から人気を博しているのが、天ぷらうどんです。現地の人たちは天ぷらに対して、高級な日本料理というイメージを抱いています。その天ぷらが入ったうどんを、わずか5〜6ドルで食べられるということで、すごくバリューを感じてもらえるようです。元々ヌードル好きで、出汁《だし》も好きな国民性。セルフ式も楽しいスタイルと受け入れられているようです。私たちの狙いは、見事に当たりました。

これからやるべきことは、大きく三つあると考えています。

一つ目は、シンガポールでのFC店や飲食店の運営ノウハウがある程度蓄積できたので、これを用いて、シンガポール進出を考えているFC本部のお手伝いをすること。

二つ目は、うどん事業をシンガポール以外の国へと展開させていくこと。既にマレーシアとインドネシアの現地の企業が、ＦＣ店の加盟に関心を持っており、出店に向けて交渉を進めています。シンガポールの次は、マレーシアやインドネシアでＦＣ運営のノウハウを蓄積していくことになります。そしてこれらの国々でも、進出の支援ができるようになりたいと思います。

そして三つ目は、現在制作中のフランチャイズオーナー募集サイト・海外版のリリースです。東南アジアの方々に見ていただけるよう、英語表記のサイトになっているので、日本のＦＣ本部とアジアのＦＣ加盟希望者のマッチングを加速させていきたい考えです。

ＦＣ本部は、現地ではお互いにライバルです。そこでは当然健全な競争を繰り広げることになります。けれども同じ日本企業として、成功ノウハウや失敗体験は共有すべきではないでしょうか。私たちが、その架け橋になれればうれしいですね。

インタビュアーの目線

閑静なお屋敷の立ち並ぶ一番町のオフィスは、とてもクリエイティブで自由な雰囲気。取材中、終始掛け合い漫才のような応酬を繰り返す秋山代表と古閑さんでしたが、小学生の頃からのお付き合いだと伺って納得。以来、それぞれまったく別の道を歩んでこられながら、今は再び、お互いをパートナーとして切磋《せっさ》琢磨《たくま》し合っている様子が、何とも羨ましく感じられました。

世界を相手に、人のやっていないことをやりたい

柴崎 洋平

Yohei Shibasaki

フォースバレー・コンシェルジュ株式会社
代表取締役社長

1975年東京都生まれ。
1998年上智大学外国語学部卒業後、ソニー株式会社入社。世界十数ヵ国で、サムスン、モトローラ、ノキアといった世界的なグローバル企業とビジネスを行う。2007年ソニー株式会社退社後、同年、フォースバレー・コンシェルジュ株式会社設立、代表取締役社長就任。世界経済フォーラム（ダボス会議）、Young Global Leaders（YGL）2013選出。上智大学非常勤講師。

Contact

〒102-0083
東京都千代田区麹町5-3　第7秋山ビルディング3F
TEL : 03-3263-6847
URL : http://www.4th-valley.com/

世界を相手に、人のやっていないことをやりたい

「これが世界レベルか！」

私の原点は、20代半ばにしていきなり世界レベルを体験したことに遡《さかのぼ》ります。

大学を卒業してソニーに就職した私は、1年半の国内営業を経て、海外事業部門に異動になりました。私が担当したのは、ノキアやモトローラ、サムスンといった世界的な通信会社に、携帯電話に内蔵される小型カメラを売り込むこと。経営企画やマーケティング部門の人間を前に、「これがジャパン・クオリティーです。みなさんの携帯電話の中に、世界最高画質のカメラを取り入れることで、ユーザーのライフ・エクスペリエンスを変えましょう」といったセールストークをしていたわけです。

Point

国を超えて優れた人材を獲得する。

誰もやったことがないことにあえてチャレンジする。

自分たちのビジネスによって、世界を変えるんだという志を持つ。

そこで実感したのは、商談相手の優秀さでした。発想力や構想力、論理的思考力、表現力、そして身のこなし方まで、すべてが卓越していたのです。私は担当していた製品の品質が世界的にも評価されていたからこそ、彼らと取引をさせてもらえていましたが、個人の力ではとても太刀打ちできないと感じました。「これが世界レベルか！」と、鼻っ柱をへし折られた気分でした。

一方で、海外出張を終えて日本に戻ってくると、本社は見渡す限りの日本人です。その日本人が会議室で、世界を相手にどう戦うかを議論している光景を見て、私は違和感を覚えました。

確かに日本人の中にも優秀な人はたくさんいます。けれども私が世界で会ってきた超優秀な人材をもしここに結集させたら、まさに世界最強のチームができると思ったのです。また働く側にとっても、自分の能力を活かす場が、自国だけではなく世界へと広がることは、大きなメリットのはずです。

このときの思いを体現するために立ち上げたのが、現在私が代表を務めるフォースバレー・コンシェルジュです。

海外の優秀な新卒人材をデータベース化

私たちの主力事業は、日本企業と海外の優秀な新卒人材の橋渡しをすることです。

1992年に205万人だった日本の18歳人口は、2012年には120万人にまで減り、2031年には87万人にまで縮小するという予測が出ています。日本企業にとって、従来のように日本の大学を卒業した若者だけを採用していたのでは、優秀な人材を確保するのが難しい時代になりました。

そこで私たちは、世界のトップ大学を行脚し、そこで日本企業への就職セミナーを開催しています。我々のクライアントである日本企業の人事担当者にも協力いただき、大学の大教室や講堂で説明会を開くのです。

2012年度は中国やシンガポール、インドなど15ヵ国の大学でセミナーを実施。実施校は、中国であれば清華大学や北京大学、シンガポールではシンガポール国立大学といったように、いずれも錚々《そうそう》たる名門大学ばかりです。2013年度はアメリカやヨーロッパにまでエリアを広げ、40ヵ国で開催中です。

セミナー会場は、日本企業への就職に興味を持った学生たちでいつも満員になります。全員というわけにはいきませんが、セミナーに参加してくれた学生に対しては、個別に面談やキャリアカウンセリングを行ったり、専門分野に関するテストを受けてもらっています。つまり我々は、世界のトップ大学に通う最優秀クラスの学生たちに関して、専門分野や能力などの情報を収集し、それをデータベース化しているわけです。そのため、クライアントからの「東南アジア出身の優秀な学生が欲しい」とか「将来技術者として有望な工学系の若者が欲しい」といったリクエストにも、きめ細かく対応することが可能です。

現在データベース化されている学生数は約10万人ですが、これが100万人に達したら、クライアント企業にデータベースを開放しようと考えています。採用担当者が直接自分でデータベースにアクセスして、条件を打ち込むと該当する人材が表示される仕組みです。これが完成すれば、海外から優秀な新卒人材を採る動きがさらに活発化し、日本の採用市場に大きなインパクトを与えることになると思います。

海外就職セミナーは、参加する学生にとっても新鮮で魅力的なものであるはずです。例えばシンガポールの学生が卒業後に就職するのは、基本的にはシンガポール国内の企業です。いきなり新卒で海外の企業に就職するという選択肢は、今のところまずありません。こうした状況はシンガポールに限らず、日本も含めて世界中どの国も同じです。

そこに私たちがやってきて、日本企業への就職の道を開くわけです。いくら日本経済が落ち込んでいるといっても、日本には世界レベルのブランド力を持った企業がたくさんあります。学生にとってはチャンス以外の何物でもありません。

このように、海外の優秀な新卒人材を獲得するために、海外の大学で就職セミナーを開催するスキームを持つ事業を、これだけの規模で展開している企業は、世界中を見渡してもおそらく当社だけです。日本の大手人材会社の中には、中国で現地の学生を対象に就職セミナーを開いているところもありますが、あくまでピンポイントなイベントにとどまっています。また欧米の人材会社については、そもそも新卒一括大量採用の文化がないために、こういったビジネスモデル自体が成り立つ余地がありません。つまり私たちが取り組んでいる事業は、世界でも例のないことなのです。

世界の人材を日本へ、日本の人材を世界へ

これまで、私たちの「世界の人材を日本に集める」取り組みは、新卒学生を対象にしてきましたが、今後は「日本の人材を世界へ」、あるいは「世界の人材を世界へ」という取り組みにもチャレンジしたいと考えています。

「日本の人材を世界へ」の一例としては、寿司職人の人材紹介が挙げられます。寿司業界は、日本国内では回転寿司が主流となっていることもあり、寿司職人の平均年収は年々下がり続けています。優れた腕を持つ職人が、その能力を十分評価されずにいる。一方海外では、寿司人気の高まりとともに、高級寿司店では寿司職人の人材不足が慢性化しています。そこで寿司職人をデータベース化することで、海外志向を持っている日本の寿司職人と、腕のいい職人を求めている海外の寿司店をマッチングするビジネスを始めようというわけです。データベース化にあたっては、日本の名門寿司店で活躍する職人の方々に審査員になってもらい、応募者の技能レベルを測定し、海外の寿司店が経歴や技能から、欲しい人材を検索できる仕組みを構築する予定です。

また「世界の人材を世界へ」については、実は私たちが持っているようなデータベースを必要としている企業は日本企業だけではありません。我々の日本企業向けの就職セミナーに参加していた学生が、ある海外のグローバル企業から好条件でオファーを受けるということが起きました。彼らも世界に点在する優秀な若者に関する情報を求めているわけです。

つまり、現在は日本企業のみをクライアントとしていても、今後は海外の企業を取り込む余地は十分にある。「海外の優秀な人材と日本企業のマッチング」から「世界の優秀な人材と世界の企業のマッチング」へと発展させたいのです。

私たちが最終的に目指しているのは、高学歴学生だけではなく、職人の世界やスポーツ界など、あらゆるジャンルで有望な若者のデータベース化です。これが実現すれば、企業にとっては「国を超えて優れた人材を獲得すること」、個人にとっては「国を超えて自分の実力をもっとも発揮できる仕事や職場を見つけ出すこと」が可能になります。

そのために、私たちが今すべきことは、世界中に拠点を設けて、自分たちの足で優れた人材を探し出す労を惜しまないこと。現時点ではアメリカ、中国、インド、シンガポール、ミャンマー、ドイツ、ベトナムの7ヵ国に拠点を配置していますが、私としては今後5年間で100拠点にまで広げたいと考えています。そして、各国の支店長が、現地のトップ大学やスポーツアカデミーなどに足を運ぶことで、有望な人材をデータベース化していくのです。

私が10年間お世話になったソニーで当時謳われていた〝ソニースピリッツ〟に、今でも忘れることなく胸に刻んでいる言葉があります。それは「世界中を相手に仕事をする」、そして「他人のやらないことをやる」です。いわば私は、「世界を相手に、人のやっていないことをやりたい」という思いで、このビジネスを立ち上げました。

そしてもう一つ。ソニーでよく使われていた「WOW!」の精神です。「ドキドキするような楽しいことをしよう」という意味なのですが、私たちの取り組みが本当に実現したら、誰もが「WOW!」と言いたくなるくらいに世界は変わることでしょう。

インタビュアーの目線

「世界中の超優秀な学生」というキーワードだけでワクワクするビジネスモデルを、さらに熱い信念を込めて話してくれる柴崎社長。ソニー時代は太刀打ちできなかったという世界のTOP人材を相手に、今や堂々と渡り合っている姿は、まさにソニーイズムの体現なのでしょう。世界中の雇用マッチングが最適化された世の中を、ぜひこの目で見てみたいと思います。

社会性の高いビジネスは、
世界でも受け入れられる

東 俊輔
Shunsuke Higashi

株式会社CLOCK・ON
代表取締役

1982年東京都生まれ。
2006年に某人材系ベンチャー企業に入社。2年間勤めたのち、2008年4月に株式会社CLOCK・ONを設立。創業からの事業として幼稚園、保育園から小中高、大学まですべての教育機関をネットワークし、広告入りのノートを無料で配布する広告事業「0円ノート（応援ノート）」がある。2014年現在海外展開の足がかりとしてシンガポールにも拠点を置き、東南アジアでの事業展開に取り組んでいる。ほかに国内ではインターネット広告の「Target On」を運営するネット広告事業、唐揚げ専門店「鳥丸」を営む飲食事業を展開している。

Contact

〒150-0013
東京都渋谷区恵比寿1-19-15　ウノサワ東急ビル4F
TEL : 03-6684-5717
URL : http://www.clock-on.co.jp/

社会性の高いビジネスは、世界でも受け入れられる

シンプルで、誰も思いつかなかったビジネス

私たちCLOCK・ON（クロックオン）は、メディア開発・運営を行う会社です。メディアコミュニケーションを主力業務と位置づけながら、グループ内には、大分県中津市の「中津のからあげ」の専門店を東京で運営するユニークな会社も擁し、中でも学生向けのターゲティングメディア「0円ノート（応援ノート）」は、国内はもとより、最近では海外でも展開を図っている事業です。

　創業時から手がけていた応援ノート事業とは、各ページに広告枠を設けたノートを生徒や学生に無料配布するというものです。配布先は各学校なのですが、中学校や高校では、教室で子どもたちに先生から手渡しをお願いし、大学で

Point

東アジアのビジネスは、現地のネットワーク作りから始まる。

アジアの消費者は日本に比べて純粋無垢《むく》な場合が多い。

現地工場への商品発注は、事前に子細な指示が必須。

は、学生課や就職課など学生が立ち寄る場所に専用ラックを設置して、自由に持ち帰れるようにしています。

広告主となる企業側のメリットは、保育園や幼稚園、小学校、中学校、高校、大学というように、配布先を指定することができるので、ターゲットとなる年齢層へピンポイントでリーチできることにあります。また、ノートはいつも手元にあるものであり、開くたびに、何度となく広告が目に入るので、訴求したい内容が確実に刷り込まれる効果も期待できます。

このように、ごくシンプルでありながら、子どもたちの教育現場にも受け入れられる社会性を備えた応援ノートは、「目の付けどころが良い」とも称される事業モデルです。配布先の学校さえしっかりと確保できれば、営業マンなどの人手もそれほど必要としないので、実は収益性にも優れています。現在では、運営主体がグループ内の別会社へ移りましたが、スタートアップ期の事業としては最適でした。

しかしその一方で、日本国内の配布先の学校は限られているうえ、配布できるノートの冊数にも限度があるなど、元々がニッチなマーケットなので、頭打ちになるときが確実に来ます。国内が一段落したら、次は海外に目を向ける必要があることは、早い段階から意識していました。

シンガポールに現地法人を設立したのは２０１２年４月のこと。翌年１月から営業を始め、現地で応援ノートの配布を始めたのは同年８月からです。

初の海外進出先をシンガポールにしたのは、グローバル企業が数多く進出しているからです。東南アジアで事業を展開している企業の多くが、アジア地域のヘッドクォーターをシンガポールに置いていることから、私たちもシンガポールにオフィスを設けたほうが、営業政策上、メリットが大きいと判断したのです。もちろん以降は、シンガポールを拠点にしながら、近隣の国々へ展開する考えでした。

東南アジアは広告ビジネスのフロンティア

アジアでビジネスを始めて実感するのは、「日本とは勝手が違うことで苦労が多いぶん、新鮮な喜びを味わえる」ということです。

シンガポールでは、応援ノートの運営を担うグループ会社「C-GRAT」代表の前田が陣頭指揮を執っているのですが、事業開始当初は、私自身も現地に滞在し、「和僑会《わきょうかい》」

という日本人起業家の組織などにも積極的に参加して、現地のネットワーク作りから始めました。

また、日本国内では既に応援ノートをご採用いただいている企業でも、海外となれば現地法人や支店に決裁権があるケースがあるため、自分たちに代わって広告営業をしてくれる広告代理店も探さなければなりません。結局、企業への営業活動も、広告代理店探しも、ほとんどゼロからのスタートとならざるを得ませんでした。

応援ノートの発行が決まってからも、苦労は絶えません。例えば、ノート製作は現地の印刷会社に頼んだのですが、出来上がってきた印刷物を確認すると、滲《にじ》んだインクでノートの紙が汚れているんです。印刷会社側で、インクが十分に乾かないまま梱包したのが原因でした。急いで刷り直しをお願いすると、「ちゃんと刷り上がっているのに、どこが問題なのか？」というような応対です。もしかしたら、シンガポールでは許容されるレベルだったのかもしれません。けれども、クライアントは日系企業。とても納得してもらえるクオリティーではありません。

幸い、その印刷会社には日本人スタッフも在籍していたので、何とか事なきを得たのですが、日本では当たり前のことが、海外で通用しないことを痛感しました。もちろん、このことがあってからは、発注前に注意事項をこちら側から提示して、確認を取るようにしています。

日本人と現地の人たちとの時間感覚の違いにも、最初は戸惑いました。大学のキャンパスで学生たちに応援ノートを配布するために採用したアルバイトたちが、集合時間になってもなかなか集まらないうえ、まったく悪びれることなく、大幅に遅刻してくるのです。仕方なく、私一人で配布する羽目になったこともあります（笑）。それからは、午前と午後で別の人員を充《あ》てるシフトにすることで、遅刻者が出ても支障が最小限になるよう、リスクヘッジをすることにしました。

苦労が多い反面、日本では得られない手応えを感じられることもあります。シンガポールの学生は、街頭で無料のサンプル商品をもらうことに慣れていないので、ノートを渡すとみんなすごく喜んでくれるんです。中には、一度受け取ったノートを「申し訳ないから、やっぱりもらうわけにはいかない」と言って、わざわざ返しに来る学生も……。街頭でモノをもらい慣れている日本では考えられない反応に、白地マーケットとしての期待も膨らみます。

そう考えると、東南アジアは、私たちが手がけるような広告ビジネスに関する開拓の余地が、非常に大きい、いわばフロンティアといえるのではないでしょうか。私たちも、既にシンガポールに続き、マレーシアやインドネシアでも事業を開始し、今後は一気にベトナムやタイ、フィリピンにも広げていきたいと考えています。

世界中の子どもたちの学びを応援したい（前田代表）

東と同様に、私も東南アジアでの事業展開には大きな手応えを感じています。

リサーチのために、あるベトナムの小学校の前で応援ノートを配ったときのことです。ベトナムの子どもたちも、タダでモノをもらうことには慣れていないので、最初のうちは「もしかしたら、お金を払わされるのでは」とずいぶん警戒していました。けれども、その心配はないとわかった途端、いっせいに生徒が集まってきて、あっという間にノートがはけてしまったんです。

ベトナムの子どもたちにとって、ノートは未だに貴重品。だからノート1冊を手にしただけで、すごく喜んでくれるし、大事に使ってくれると思います。「これはクライアント探しをしっかりやって、ベトナムでも応援ノートを普及させなければいけない」と思いました。

応援ノートのビジネスモデル自体はごく単純なので、現地企業に真似をされる可能性は大いにあるはずです。だからこそ私たちは、それぞれの国でいち早く事業を始めることで確実にシェアを取り、同時に簡単には真似されない仕組みを作ることが重要です。

具体的には、インターネットを活用した、各国の生徒・学生のデータベース化を考えています。例えば、応援ノートの中に自社広告を掲載し、応援ノートを定期的に欲しい人や、教育に関する情報が欲しい人の会員登録を促す。興味を持って登録してくれた生徒・学生のデータベースがあれば、クライアントは今まで以上にターゲットを絞り込んだ広告展開が可能となるはずです。

また、インターネットサービスのコンテンツを充実させることで、登録会員に対しても有益な情報を提供できます。例えば、大学生向けには、日本に留学したい学生のために、日本の大学や日本語学校、インターンシップなどの情報を提供するサービスを準備しているところです。また、小中学生向けのサービスとしては、インターネット授業動画を無料配信することを考えています。

そしてもう一つ、どうしても実現させたい夢があります。

アジアの中には、貧しい家庭に生まれ育ち、ノート1冊を手にすることも難しい子どもがたくさんいます。そこで応援ノートで得た収益の一部を原資にして、広告事業としてではなくCSR活動として、勉強道具を切実に必要としている貧しい子どもたちに、無料のノートをはじめ、学習に役立つツールを提供したいのです。それによって、世界中の子どもたちが平等に教育を受けられる環境作りに、少しでも貢献できればうれしいですね。

何しろ「応援ノート」というネーミングは、「世界中の子どもたちの学びを応援したい」という思いを込めて名づけたのですから。

インタビュアーの目線

子どもたちが毎日使うノートに企業の広告を載せ、無料で配布するという、シンプルながら社会性の高いコンセプトで、そして何よりも「応援ノート」というネーミングが秀逸。当サービスが世界中に普及することで、地球上の教育格差は是正できると熱く語る東代表・前田代表にも、若手経営者とは思えない社会性を感じることができました。

フィリピンは女性が活き活きと働ける国

寺田 未来

Miki Terada

Teradatrust Advisory, Inc.
代表取締役

1982年愛知県生まれ。
父親の転勤に伴い、生後2ヵ月でアメリカ・オハイオ州へ渡り、2歳までを過ごす。帰国後は、岐阜県、千葉県、埼玉県と父親の転勤に伴い移動し、小学校2年生で再度渡米し2年間滞在。帰国後は、都内の私立女子校で中学、高校時代を過ごし、うち1年間を交換留学生としてボストンで過ごす。高校卒業後は青山学院大学文学部英米文学科へ入学。2004年卒業、同年東京三菱銀行（当時）へ総合職として入行。2007年2月に退職し、アパレル系コンサルティング会社で約1年間勤務後、米国公認会計士試験に専念するため、千葉県九十九里浜に単身移住。2科目合格した時点で、在フィリピン日系コンサルティング会社SCS Global Business Solutions Inc.に入所が決まり、2009年1月より渡比し、日系企業向けの会計・税務を中心としたコンサルティング業務に従事。2012年2月に同所を退所し、Teradatrust Advisory Inc.を設立し現在に至る。

Contact

Unit 203, Liberty Plaza Building, 102 HV Dela Costa St., Salcedo Village,
Makati City, Philippines
EMAIL : info@teradatrust.com
URL : http://teradatrust.com

フィリピンは女性が活き活きと働ける国

もう一度英語圏の国でチャレンジがしたい

私が日本を離れ、フィリピンのマニラで働くことになったのは、ある偶然の再会がきっかけでした。

2008年、私はそれまで勤めていた銀行を辞めて、米国公認会計士（USCPA）の資格試験の勉強に専念することにしました。勉強に専念できる環境を求めて、東京から千葉県の九十九里浜に移住。勉強に疲れたら、気分転換に趣味のサーフィンを楽しみ、また勉強に戻るといった毎日を送っていました。

USCPAを取ろうと思ったのは、いずれは英語圏で働きたいという気持ちがあったからです。私は生後2ヵ月から2歳までと、小学校2年生から4

Point

- 国のイメージを先入観で決めつけない。
- 競争が激しい場所ではなく、誰もやっていない場所で新しい道を切り拓く。
- 女性が働きやすい国を選んだほうが、活き活きと仕事ができる。

年生までの間、親の仕事の関係でアメリカのオハイオ州に住んでいました。また高校時代にも1年間ほどボストンに留学しました。けれども留学中はアメリカ人の生徒たちの中でうまく自己主張することができず、不完全燃焼に終わったという悔いがありました。だから「もう一度英語圏の国でチャレンジがしたい」という思いを抱いていたのです。

USCPAの勉強を始めて3～4ヵ月の頃、資格取得に必要な4科目のうち2科目に合格することができたのですが、銀行時代の先輩に再会したのはそんなときでした。

今では銀行を辞めて「SCS　Global」という会計事務所のマニラ事務所で働いているという先輩は、私がUSCPAの資格取得を目指していると話すと、「あなたみたいな人で、マニラで働ける人を探しているんだ」と言われました。

先輩によれば、フィリピンも英語圏であるとのこと。でも、私がイメージしていた英語圏の国といえば、何といってもアメリカであり、イギリスやオーストラリアです。そもそも私はフィリピンがどんな国なのかさえ、よく知りませんでした。それでも先輩からのせっかくのお声掛けです。まずは一度行ってみようと思いました。

首都のマニラは、私が想像していたバラック小屋が立ち並ぶような街並みのイメージを大きく裏切り、特にSCSのオフィスがある一角は、まるで東京の丸の内のように、最先端のビルが立ち並んでいました。常夏のフィリピンなら大好きなサーフィンも1年中楽しめそうです。USCPAの資格を取ったあとの就職先が決まっているわけでもありません。「それならここで働いてみようかな」という気持ちから、フィリピン行きが決まりました。

企業経営の「入口」と「出口」の両方を経験

私がフィリピンに移住することを決めたとき、何人もの知人から「そんな危ないところに行くのはやめたほうがいい」と引き留められました。フィリピンというと「治安が悪い」「怖い」というイメージを抱いている人が多いですよね。

私がフィリピンに住み始めてから今年で6年目になりますが、実際に危険な目に遭ったことはこれまで一度もありません。これは駐在員の方が口を揃えておっしゃることですが、フィリピンで事件に巻き込まれるのは、圧倒的に旅行者が多いのです。現地の人でも敬遠する繁華街の危険区域へ無防備に迷い込んで、事件の被害者になってしまうようです。けれども、そうした場所を避けて普通に生活するぶんには、家ではメイドさん、移動中はドライバーさんが守ってくれるなど、安心なうえに、日本では考えられないくらい快適に暮らすことができます。これは私自身も、住んでみて初めて知ったフィリピンの一面でした。

私がマニラで働き始めた2009年1月は、ちょうどリーマンショックのあとで、日系企業が相次いでフィリピンからの撤退を進めていた時期でした。当然、私の仕事も撤退をする際の手続きについてのコンサルティングが中心です。撤退準備期間中でも帳簿付けなどの作業は発生しますから、そうした会計業務に従事していました。

ところが2010年6月に大統領がアロヨ氏からアキノ氏に替わった頃から、経済が一気に反転。それまで会社にかかってくる電話といえば、撤退を考えているお客様からの問い合わせばかりだったのが、急にフィリピンへの進出に関する相談が増え始めたのです。

そうなると仕事も、撤退サポートから進出サポートへ、180度方向転換。フィリピンで新たに会社を設立する際には、どんな法律に注意しながらどのような手順で準備を進めなくてはいけないのか、私は社内の人間や現地のパートナー企業の方などに話を聞きながら、知識やノウハウを吸収していきました。

こうして私はフィリピンで会社を設立するという「入口」についてのノウハウと、フィリピンから会社を撤退させるときの「出口」についてのノウハウの両方を会得しました。渦中にいるときは大変でしたが、振り返ればとてもよい経験をさせてもらったのです。

不完全燃焼気味な女性にこそ、フィリピンに来てほしい

私にはいつからか、「組織に頼らずに、一人でも生きていける力を身につけたい」という思いが強くありました。最初に就職した銀行を3年で辞めたのも「このまま銀行の看板に頼って仕事を続けても、本当の意味で自分の実力にはならない」と判断したからです。そして2012年2月、「ここで身につけたスキルを武器に、今度はフリーランスとして仕事をしてみたい」という気持ちから、3年勤めたSCSを退社したのです。

そして、どの国で働くかをもう一度考えました。元々働きたかったアメリカに渡るという選択肢もありました。けれども、アメリカには私のように英語と日本語が話せて、USCPAの資格を持っている人はたくさんいて、それが強みにはなりません。みんなと同じ方向を目指せば、競争率も難易度も上がってしまう。ならば、未開拓な部分が多いフィリピンで、新しい道を切り拓こう。私はフィリピンに留まることを決めました。

それに加え、フィリピンは女性にとって、実はとても働きやすいところだと感じ始めていました。何しろフィリピンは、女性の社会進出が世界でもトップクラスといわれるくらいに、進んでいる国なんです。ご存じのように、これまでに２人の女性大統領を輩出し、政府高官、企業トップなどの要職に多くの女性が就いています。

私が以前、日本の銀行で法人営業の仕事をしていた頃は、担当が女性というだけで嫌な顔をされたことがありました。フィリピンで、そんな思いをすることはまずありません。「女性だから、男性だから」というように、性別で人を判断する発想自体がそもそもないのです。私がフィリピンで働き続けることを決めたのには、そんな理由もあったのです。

独立したとはいえ、当初は自宅をオフィスにして仕事をしていました。ちょうど、フィリピンへの進出を検討する日系企業の数が以前にもまして増えていった頃です。しばらくして、中国への進出支援を手がける経営コンサルティング会社のマイツグループから、「中国・アジア進出支援機構というのを作るので、寺田さんにはフィリピンへの進出支援のメンバーになってほしい」とお話をいただきました。

そうなると事業にも一層本腰を入れてかかる必要があります。実をいえば、当時の私は、フィリピンでの仕事を続けることを選んだとはいえ、ずっと住み続けるかどうかについては決めかねていました。だから当分は、フリーランスという立場で仕事をしていければいいと思っていたのです。

けれども中国・アジア進出支援機構の一員になるのなら、しっかりとした事務所を構え、従業員を雇い、組織としての体裁を整えなくてはいけません。そうなると、もう簡単にはフィリピンから離れられなくなります。「当分、ここで頑張ってみよう」私は覚悟を決めました。

独立した当時2～3社だった取引先は、今では50社になり、進出時のお手伝いから、進出後の会計・税務・人事労務などの支援を行っています。従業員も7人に増え、事業は今のところ順調に滑り出しています。ほんの偶然ながら、私はフィリピンという国に出会えて本当によかったと思います。

フィリピンは、かつてアメリカの植民地だったので、アメリカ文化の影響を強く受けています。一方で、アジアならではのおおらかさも併せ持ち、欧米ほど競争社会ではありません。だから日本人にとっても、住みやすい国ではないでしょうか。

多くの日本人がそんなフィリピンの魅力を知らずに、ネガティブな先入観だけで敬遠しているのだとしたら、何とももったいないことです。

私は、日本で不完全燃焼気味に仕事をしている女性にこそ、フィリピンに来てほしいと思います。今までの鬱々《うつうつ》とした気持ちが嘘のように、大きく視野が開けてくるはずです。

インタビュアーの目線

「マニラで単身活躍する帰国子女のUSCPAホルダー」という触れ込みに、どんな勇ましい女性かと思いきや、目の前に現れた寺田代表は最高の笑顔の持ち主でした。大手都銀に勤めた経歴と海をこよなく愛するサーファーの横顔を併せ持つ人間の幅も魅力ですね。いつまでもその会心の笑みで、マニラの日系企業を照らし続けてほしいと思います。

日本人にとって最大の弱点「英語」の克服に貢献したい

千葉 栄一

Eiichi Chiba

Japan Intertrade Callcenter Corporation
CEO

1970年埼玉県生まれ。
高校の同級生と中古車の輸出事業を始めたのが軌道に乗り、2009年12月にフィリピンのセブ島でJapan Intertrade Callcenter Corporationを設立。「日本の教育や文化を世界に！ また世界で通用する教育を日本に！」を志しビジネスを展開。負けず嫌いな性分で、仕事も遊びも全力で取り組み「遊びはいつでも300%全速力で！」をモットーにしている。なんでもできると自分のモチベーションを常に高く持つことを意識し、今後は事業を通じてもっと社会に貢献できる会社にするべく日々邁進している。

Contact
Unit 503-C, TGU Tower, Asiatown, I.T. Park, Salinas Drive, Lahug,
Cebu City 6000, Philippines
EMAIL : chiba@nilsph.com
URL : http://jicc.asia/

日本人にとって最大の弱点「英語」の克服に貢献したい

フィリピン進出のキーワードは「英語」

私がフィリピンのセブ島で仕事を始めたのは２００９年のこと。そこから1年に1社程度のペースで、現地で新しい事業を立ち上げてきました。

最初に立ち上げたのはコールセンターのＪＩＣＣ（Japan Intertrade Callcenter Corporation）。次にオンライン英会話スクールの「イーフレンド」。三つ目が英語学校の「ＮＩＬＳ」。そして現在は、インターネットのリスティング広告事業を行う会社の設立準備を進めています。「コールセンター」「教育」「ネット広告」とさまざまな事業を手がけていますが、すべてのビジネスに共通するキーワードがあります。それは「英語」です。

Point

「英語」と「コスト」の課題を解決するために拠点をフィリピンに移転。

「英語」を克服しない限り、日本人の国際化はあり得ない。

現地の人たちに、感謝と恩返しの気持ちを持って接する。

私はフィリピンに進出する2年前の２００７年に、アフリカやカリブ海に住む個人客へ、日本の中古車を輸出販売するビジネスを神戸で始めました。一般的に中古車の輸出販売は法人向け中心なのですが、直接消費者に販売したほうが高収益をあげられると考えたのです。そこで、リスティング広告で宣伝活動を行ってみると、予想以上の数の問い合わせがありました。海外の人たちが日本車の品質の良さに対して、いかに高い信頼を寄せているかを実感しました。

しかしネックになることがありました。海外の消費者とは電話やメールでやりとりをするのですが、当然英語でのコミュニケーションになります。ところが日本国内で、英語も営業もできる人材を採用しようとすると、どうしても人件費が高くなってしまいます。これでは、日本でやっている限り、利益は頭打ちです。

そこで着目したのがフィリピンでした。フィリピンは英語圏のうえ、日本人社員一人分の人件費で10人以上を採用できます。またフィリピン英語は、訛《なま》りがなくて聞き取りやすいのが特徴です。そのため世界中のコールセンター会社がフィリピンに集まっており、世界一のコールセンター市場になっています。そこで私たちもフィリピンにコールセンターを設立することにしたのです。これがＪＩＣＣです。

現在では、日系企業に対して、英語対応のカスタマーセンターやセールスセンター、営業代行や秘書業務代行などのサービスを提供しています。当社が直面したように、ほかの日系企業でも国内では英語ができる人材の不足とコスト高が課題となり、私たちにアウトソーシングしているわけです。

最近では、リスティング広告にも力を注いでいますが、この事業をわざわざフィリピンで手がける理由も、やはりキーワードは「英語」です。

近年、多くの日系企業が海外市場への進出を検討しています。しかし現地のマーケティングも不十分な段階で、いきなり事業所を開設するのはハードルが高い。そこで英語のＥＣサイトを開設したうえで、リスティング広告で英語圏の消費者をサイトに誘導していくなど、まずはインターネットによって海外の顧客を獲得しようという動きが活発になっています。そんな事情から、フィリピンにおけるリスティング広告への引き合いが増えているのです。

リスティング広告で効果をあげるためには、コンバージョン率などを見ながら適切なキーワードや入札価格を設定する必要があるのですが、日本はこうした緻《ち》密《みつ》な作業に関するノウハウを熟知しており、世界的にも最先端といわれています。ただし、ここでもネックとなるのは、コストと英語です。リスティング広告は、手間暇をかけるほど高い効果が望めますが、日本人の人件費ではコストが膨らみます。さらに、英語圏のキーワードは、当然英語で設定することになるため、ここでも英語の壁が日本人の前に立ちはだかっています。そこで私たちは、人件費が安く、英語圏でもあるフィリピンでこの事業を展開することで、日本の優れたリスティング技術を活かしながら、英語とコストの二つの課題を解決しようとしているわけです。

「もっと英語ができたら」自身の思いから生まれた英語学校

こうした事業に携わる中で私が痛感するのは、日本人にとって最大の弱点は「英語」であるということです。逆にいえば、そのほかの点において、日本人はとても優秀な国民です。例えばフィリピンは貧富の差が非常に激しく、受けてきた教育レベルも人によって相当な格差があり、仕事についても業務遂行能力には大きな差があるものです。

一方、日本人に文字の読み書きができない人はまずいません。また、時間を守る概念も子どもの頃から徹底して植えつけられています。つまり、業務遂行能力について、大学を出ている人とそうでない人との間で決定的な差があるわけではありません。上司から指示を受けたときでも、その指示の内容と意図を理解して、業務を遂行できる能力を誰もがある程度備えています。

そうした優れた能力を付加価値として、私たち日本人もこれからは世界に飛び出していかなければなりません。ところがその際に障壁となっているのが英語です。

実をいえば、私自身も英語は未だにあまり話せません。こちらに来て5年目になり、相手が話していることの意味は何となく聞き取れるようにはなりましたが、海外で仕事をしていながら、これだけ英語ができない日本人は私くらいではないでしょうか（笑）。私は周りのスタッフが全員、英語ができるので、どうにかやってこられましたが、もし自分で英語ができたら、もっと速くビジネスを軌道に乗せることができたかもしれないし、もっと世界中のキーパーソンと対等に、深く付き合うことができたかもしれません。

そんな思いから立ち上げたのが、オンライン英会話スクール「イーフレンド」と英語学校「ＮＩＬＳ」の事業です。「イーフレンド」は、日本在住の日本人受講生がフィリピン在住のフィリピン人の講師から、スカイプを使って遠隔で英語の指導をマンツーマンで受けるというものです。また「ＮＩＬＳ」はフィリピンのセブ市内の中心にあるＩＴパークの中に開設した英語学校で、日本人留学生は1週間から半年の留学期間中、英語漬けの生活を送ることで英語の上達を目指します。

英語学校というと、欧米ではグループレッスン中心であるのに対し、「ＮＩＬＳ」をはじめとしたフィリピンの学校では、基本的にマンツーマンで指導を受けることになるので、留学生は短期間で英語力が相当鍛えられます。また学校のあるＩＴパークは、ＩＴ系の企業を誘致するために開発されたエリアで、アメリカのシリコンバレーを彷彿《ほうふつ》させる街並みと治安の良さ、24時間営業している飲食店が多数あるのが売りです。そしてもちろんセブ島ですから、休日にはアジアンリゾートが楽しめるのも魅力。しかもフィリピンなら、欧米に留学するのと比べて費用も安く抑えることができます。

そうした点が評価され、最近では日本の大学や専門学校と単位認定に関する提携を結ぶケースも増えました。これは学生が「ＮＩＬＳ」に留学して英語を学んだ場合、それを大学や専門学校の単位として認めるというものです。

フィリピンと日本のベンチャー企業とのギブアンドテイク

私はこれからもフィリピンのセブに根を下ろしてビジネスを続けていくことになると思います。私たちの会社があるITパークはフィリピンの経済特区になっていて、「一定期間（3～6年）の法人税の免除」「輸出商品における関税の免除」「労働者の教育訓練に関する費用の半額相当の税金の免除」「外国人雇用の許可」などの優遇措置が受けられています。私が事業を順調に成長させることができたのもこうした優遇措置のお陰であり、ほかの企業にとっても大きなメリットだと思います。

フィリピン政府がなぜこのような優遇制度を設けているかといえば、同国の経済発展に貢献してほしいという期待があるからです。ですから、私たちには当然、その期待に応える義務があると考えています。

前述の通り、当初フィリピンを選んだのは、より収益が見込めるからでした。けれども、現地の人と接するうちに、私の気持ちは次第に変化していきました。フィリピンの人たちは英語ができるうえ、親しみやすく、とても明るい。そして何よりも物事に前向きに取り組む姿勢。これは素晴らしいことです。そのうえに日本人が持っている勤勉さや丁寧さが加わったら、これから経済発展を目指していくうえでの大きな強みになるはずです。だから私は一人の日本人として、フィリピンの人たちに日本の長所をうまく伝えていきたい。現在、私たちの会社では約250人のフィリピン人に働いてもらっていますが、この数を2000人以上に増やすことを目標に掲げています。

英語教育を通じて日本人のグローバル化に貢献するとともに、私たちの事業を支えてくださっているフィリピンの人たちにも恩返しがしたい。その二つの思いを胸に、私は事業に取り組んでいます。

インタビュアーの目線

英会話学校を経営しながら、自分ははっきりし英語ができないと謙遜《けんそん》される千葉代表ですが、すれ違うスタッフの誰もが「こんにちは!」と元気よく、笑顔で挨拶《あいさつ》してくれる社風は、相当なコミュニケーションの賜物ではないでしょうか。ご自身の英語での苦労の実体験が、フィリピンの方々を巻き込んでの一大事業に邁進する原動力なのだと感じました。

アジアのITマーケットを目指す
インドネシアに商機あり！

桃井 純

Jun Momoi

アジアクエスト株式会社
代表取締役

1970年東京都生まれ。
1999年イズ株式会社設立（2012年まで代表取締役）。2012年アジアクエスト株式会社設立。東京とジャカルタで、システム構築、サービス開発を行う。インドネシアを第一弾として、東南アジア諸国にグループ会社を順次設立予定。成長するアジアのIT市場を狙っていくとともに、アジアに進出する日本企業にとってのベストITパートナーを目指す。

Contact

〒102-0072
東京都千代田区飯田橋3-11-13　ダヴィンチ飯田橋ビル8F
TEL : 03-6261-2701
URL : http://www.asia-quest.jp/

アジアのＩＴマーケットを目指す インドネシアに商機あり！

「人口ボーナス期」が今後30年間続くインドネシア

私は元々海外旅行が好きで、世界中を訪ね歩いてきたこともあって、若い頃から海外に対する思いを強く抱いていました。

ＩＴ関連の仕事に就いていたことから、憧れの地は、やはりアメリカのシリコンバレー。結果的に、諸事情により断念せざるを得ませんでしたが、現地でのビジネスがもう少しでまとまりそうなところまでいったこともあります。

しかし、あとになって考えてみると、日本人がシリコンバレーで勝負するのは、やはり厳しいという判断に至りました。アメリカは技術力の点で最先

Point

インドネシアでは、新規参入者がいきなりマス市場をも狙える。

日本と同等の価格設定ができ、アジアの低賃金で運営できるビジネスは収益大。

まずは海外に出てみること。出ればおのずとチャンスに出会う。

端であるうえ、交渉に必要なコミュニケーションについても、ネイティブイングリッシュは私たち日本人にとって大きなハンディキャップとなります。

そこで私は、進出先をアメリカからアジアに変更することにしました。アジアであれば日本企業はアドバンテージを発揮できるし、何といっても今後急成長が期待できる魅力的なマーケットが存在します。このまま日本に留まり続けても未来はないという危機感も、私を後押しすることになりました。

アジアでの事業展開を前に、２０１２年４月にはウェブシステム開発会社「アジアクエスト」を東京で設立。そして９月にはインドネシアのジャカルタに現地法人「PT. AQ Business Consulting Indonesia」を設立し、さらに10月には現地のシステム開発会社にも出資を行い、私たちのグループに仲間入りしてもらいました。

アジアの中で最初にインドネシアを選んだのは、その市場規模の大きさに可能性を感じたからにほかなりません。約２億４０００万人という世界第４位の人口と日本の５倍もある国土面積を誇り、ＧＤＰ６％成長を継続。しかも、15〜64歳の生産年齢人口がそれ以外の２倍以上を占める、いわゆる「人口ボーナス期」が、この先30年続きます。働き盛りの世代が多ければ、それだけ経済活動や消費が活発になるのは道理ですね。

実際にインドネシアは、街中が活気に満ちあふれています。中間層の所得が伸びているため購買力が旺盛で、多くの人が白物家電や自動車をローンでどんどん買っていきます。自分たちのビジネスを、この国の可能性に賭《か》けない手はないと思います。

来たるEコマースの大波を捉えたい

当社は現在、ここインドネシアで、現地に進出している日系企業向けの業務システムやウェブシステムの開発、ウェブサイト制作や運営などのサービスを中心に事業を行っています。社員数はアジアクエストの現地法人である「AsiaQuest Indonesia」が15人程度、出資している現地のシステム開発会社が50人程度となっています。

日本でも同様のサービスを手がけていますが、インドネシアと日本とでいちばん違うのは、競合の数が圧倒的に少ないということです。同業他社が何百、何千とある日本で、差別化を図るのはものすごく大変なことです。一方インドネシアには、1400社近くの日系企業が進出していますが、彼らにITサポートを行う現地の日系ベンチャー企業はまだ数社しかありません。当社は「インドネシアでナンバーワンの日系ITサービス会社になる」という目標を掲げていますが、進出してから1年半でトップを狙える位置にいるということもできるわけです。

こうした状況はIT業界に限りません。日本国内ではどの分野にも多くの競合がいて、新規参入するにはニッチを狙っていくほかありません。けれどもインドネシアの場合、マーケットがこれから形成されていく過程にあるため、マス市場でさえ、まだほとんど誰も参入していない状態です。つまり、今後インドネシアでトップシェアを取りに行くのなら、マーケットが形成される前に進出し、機会を待つことが大切になると思います。

日系企業からの受託制作のほかに、私たちがもう一つの柱にしたいと思っているのが、現地の消費者向けEコマースサイトを始めとしたインターネットサービスの構築です。現在のところ、まだインドネシアではEコマースの市場は形成前の段階ですが、既にたくさんの人がスマートフォンやパソコンを所有していることから、必ず波が来るはずです。そこで私たちは現地にいち早く入り、市場の基盤作りを行うとともに、大きな波が来たときに一気《いっき》呵成《かせい》に動ける態勢をとろうとしているわけです。

現在の主力業務となっている日系企業からの受託制作については、戦略的には重要な仕事である半面、難しい面もあります。というのも、日系企業の多くは「インドネシアであれば、制作費は安く抑えることができるもの」として、発注してくださっています。一方で、インドネシアでもIT関係のエンジニアの人件費は近年どんどん上昇傾向にあり、薄利多売にならざるを得ない場合があります。

それでも私たちがインドネシアに拠点を置いて事業を継続させているのは、インターネットの波が来たときに、その波をつかまえるためです。そのときまで、いかに辛抱強く地道に体力をつけておくかが勝負といえるかもしれません。

日本の会社がアジアで収益をあげていくためには、日本と同じ単価で価格設定ができ、かつ現地スタッフの活用によって人件費を抑えられるビジネスモデルの構築がいちばんのポイントとなります。

これを、今まさに実現しているのが飲食業ですね。例えば、東南アジアに進出している日本のラーメン店の場合、ラーメン1杯の値段は日本と同じ、もしくは少し高いくらいでありながら、従業員は現地スタッフなのですから、それは高い利益率を維持できます。あとは、現地への定着をいかに図り、一過性の流行で終わらせないかが課題ではあります。

私たちが行っているＩＴの分野でも、こうしたビジネスモデルを再現できないかと思案しています。

混沌に満ちているからこそ、可能性を感じる

インドネシアで事業を行っていると、日本ではあり得ない、理不尽な苦労を強いられることがたくさんあります。

まず、首都のジャカルタは、渋滞が世界一ひどいうえ、大雨が降ればすぐに洪水となるため、しばしば行動範囲が限定されます。役所では手続きが遅いうえに、わけのわからないお金がかかり、内部では賄賂《わいろ》も横行しています。

さらに、ネガティブリストと呼ばれる、外資の参入が完全に禁止されている業種が数多くリスト化されたものがあり、外資比率や地域が規制されたり、特別許可が必要な業種などもあります。けっして外資に門戸が開かれているとはいえない状況なのです。労働組合による賃上げ要求もすごいですね。２０１５年には規制緩和が行われるという話も耳にしますが、どうなることか……。こればかりは、今後の成り行きを見守るしかありません。

あらゆることが混沌としていて、世の中全体が過渡期にあるような状態は、もしかしたら日本の60年代に近いのかもしれません。そこにポテンシャルを感じます。

今のインドネシアが混沌としているのは、国や人びとの成長スピードに古いシステムやインフラが追いつかず、そこに矛盾が生じているからです。逆にいえば、それだけエネルギーがあふれているということです。現地の人たちを見ていると、前向きでチャレンジ精神が旺盛《おうせい》で、何かと守りに入りがちな今どきの日本人とはマインドが正反対です。いずれシステムやインフラさえ整っていけば、インドネシアはとんでもない成長を遂げることになるような予感がします。そう思えばこそ私も「大変だけど、頑張ろう」という気持ちになれるのです。

日本の若い人の中には、「これからの時代は海外に出ないとやっていけない」という危機感を持ちながら、知らない世界へ一歩を踏み出すことへの不安感から、何もできずに立ち止まっている人も多いと思います。でも、ひと足先に一歩を踏み出した人間から言わせてもらうと、まずは飛び込んでみればいいんです。東南アジアは成長スピードに比べて人材が圧倒的に不足していますから、飛び込んでみれば必ず何らかのポジションが得られます。もし一人で飛び込むのが怖いのなら、それこそ当社のような海外展開を積極的に進めようとしているベンチャー企業に転職する手もあります。

現在アジアクエストでは、東京の本社も含めて全社的に5年後には英語を社内公用語にする計画を立てていて、社員の英語教育に力を注いでいます。また東京の本社に勤めている従業員の中でも、海外事業に興味を抱いている人は積極的に海外出張させ、また海外に関連する業務を与えています。今後20年を視野に入れると、事業の中心が海外に移っていくことは確実だからです。

とにかく、若い人には「海外に出てみよう」と言いたいですね。1回出てみれば案ずるほどのものではなかったことに気づきますし、自分を取り巻く状況も変わってきます。

インタビュアーの目線

私と同じ経営者の勉強会で、ともに英会話を習っていたこともある桃井代表。高度成長期の日本が持っていたであろう、現在のインドネシアの熱気を日々体感しているからでしょう。苦労を苦労とも感じさせない語り口は、頼もしくもあると同時に羨ましさを覚えました。現地のEコマースに火が付いたあとの動静が本当に楽しみで、目が離せません。

これからのアジアには
バランス型リーダーが必要

榎原 良樹

Yoshiki Enohara

PT MicroAd Indonesia
COO

1974年鳥取県生まれ。
大学卒業後、大手都市銀行に就職。2001年、株式会社サイバーエージェント入社。名古屋営業所の立ち上げなどを経て、西日本統括大阪支社長、事業戦略部長を歴任。2009年同社を退職し、農業・環境関連ベンチャー企業を起業するも約2年で閉鎖。2011年4月より株式会社マイクロアドと現地企業の合弁会社PT MicroAd Indonesia設立に携わり、COOを務める。

Contact

Indosurya Plaza/Thamrin Nine, Floor 3A
Jl. M.H. Thamrin No.8-9 Jakarta Pusat 10230, Indonesia
EMAIL : info@microad.co.id
URL : http://www.microad.co.id

これからのアジアにはバランス型リーダーが必要

インドネシアは、ゼロからやり直すのにふさわしい場所だった

私が働いている「PT MicroAd Indonesia」は、日本のマイクロアド社とインドネシア現地企業の「PT Corfina Mitrakreasi（ピーティー・コルフィナ・ミトラクレアシ）」社および「PT Rizki Bukit Abadi（ピーティー・リツキ・ブキット・アバディ）」社が、共同出資をして設立した合弁会社です。２０１１年6月に設立された当初から、私はこの会社でＣＯＯを務めてきました。

けれども私は、元々マイクロアドやインドネシア現地企業の社員というわけではなく、新たな挑戦としてインドネシアでのゼロからのスタートを選び、ここにやってきたという経緯があります。

Point

これまでのしがらみを排して再起するのにアジアは最適なステージ。

海外では、日本以上に社員とのコミュニケーションが大切になる。

カリスマ的ではない、バランス型の人間もこれからのアジアでは必要。

2008年にリーマンショックが起きたあとのことです。世の中の価値観が、物質的価値観から精神的価値観へと移り変わってきているのを感じた私は、有機野菜のブランド化に取り組む会社を起業しました。ところがこの事業がうまくいかなかった。会社をたたむことを決めたときに、マイクロアドの代表から、インドネシアでの現地法人設立の話を持ちかけられたのです。

当時、ありがたいことに、そのほかにもいくつか新しい仕事のオファーはいただいていたのですが、インドネシアという場所が、そのときの自分にいちばん合っていると思ったのです。ゼロから新たな挑戦をする自分が、再スタートする場としてはそこがふさわしいと感じました。

学生時代、大学を卒業したら商社に入社して新興国でのインフラ整備に携わりたいと思っていた時期がありました。結局、縁あって銀行に入社したのですが、そのときも海外、特に新興国で働くチャンスのある銀行はどこかという視点で選びました。その銀行には3年半お世話になりましたが、組織の歯車になっているのに過ぎないと感じ、退職。転職先のサイバーエージェントでは8年3ヵ月の在職中、名古屋営業所の立ち上げ、大阪支社長として売上を6倍に伸ばすなど、幹部社員として会社の成長に貢献しました。東京へ異動になった頃から「もう一段自分の価値を高めたい」という気持ちが強くなり、起業を決断。その結果、先述したような経緯を経て、インドネシアに来ることになりました。

こちらで仕事をし始めて、しばらく経ったときのこと。私はふと「これまでいろいろな試行錯誤はあったけれども、そうした経験を経て、自分はもう一度学生時代に志していた原点に戻ってきたんだな」と思いました。

社会人になってからというもの、すっかり忘れてしまっていたのですが、私が学生時代に商社マンを目指したのは、新興国のまだ何もないまっさらな場所で、ゼロからビジネスを立ち上げていくことに憧れていたからです。それが気づけば、こうしてインドネシアでビジネスの立ち上げに悪戦苦闘しているのですから、人生とは不思議なものです。

当社はインターネット広告ビジネスを事業の柱としている会社です。現在のインドネシアのインターネット広告市場は、ちょうど日本の90年代後半から00年代初頭の状況に似ています。つまり完全な草創期であり、インドネシアにおけるインターネット広告のビジネスモデルをゼロから構築しなくてはいけない時期です。

ですから私は、学生時代に志していた原点に戻ってきたというわけです。もちろん当時とは異なり、プロフェッショナルとして事業を成功させるミッションを負った経営者の立場でインドネシアに来ています。酸いも甘いも味わったビジネスの経験もきっと役に立つでしょう。この覚悟と経験を武器に、この会社をインドネシアを代表するインターネット企業に育てていきたいと思っています。

日本人に意外と近い、インドネシア人のメンタリティー

設立当時には社員が2名だった会社も、今では40名を超えました。具体的な事業内容としては、ホームページの制作やＳＮＳマーケティングなどのインターネット広告に関する総合サービスの提供や、メディア事業などを展開しています。メディア事業では「Ibudan Mama（イブダンママ）」といって現地向けの育児情報サイトを運営しています。クライアントは、日系企業や現地企業、日本以外の外資系企業など多岐にわたります。また、日本国内で展開しているＤＳＰ〝MicroAd BLADE〟を今後インドネシアでも積極的に販売していくため、ＤＳＰ事業に特化した子会社を２０１３年10月に設立したところです。

「インドネシアを代表するインターネット企業になる」というゴールを100とすれば、今の到達点は20くらい。主要クライアントを何社か獲得して、スタート地点から数歩踏み出したという段階でしょう。

社員は、私以外は全員がインドネシア人です。つまり、彼らがいかに当事者意識を持って仕事に取り組んでくれるかという一点に、この会社の未来がかかっています。

そこで私は、日本で組織をマネジメントしていたとき以上に、きめ細かなコミュニケーションを社員一人ひとりと取ることを心掛けています。私のインドネシア語は、まだまだ流暢とはいえませんが、社員との個別面談を通じて、会社のビジョンや現時点での到達点、今後の課題と戦略などを〝自分の言葉で〟伝えるようにしています。

日本国内の場合であれば、同じような環境の中で育ってきた経営者と社員同士、阿吽の呼吸で意思疎通が成り立ちますが、海外ではそうはいきません。特に当社の場合、日本人は私しかいないのですから、なおのことです。

インターネット広告市場でトップを目指す限りは、ビジネスのやり方やスピードに関してこちらに従ってもらわなくてはいけない部分がたくさんあります。一方で、インドネシア人にとって働きやすい職場であるためには、インドネシア流のルールや慣習を取り入れることも大切です。だからこそお互いが、積極的にコミュニケーションを取りながら理解を深め、誰もが高い意欲を持って仕事に取り組めるチーム作りをすることが求められるのです。

オーナー企業が多いインドネシアでは、経営陣と社員の役割がはっきりと分かれていて、経営側は指示を出し、社員は上から言われたことをやるという関係になっています。でもこれでは社員たちが「ここは自分たちの会社だ」「これは自分たちの仕事だ」という意識を抱くことができず、どうしても組織として弱体化してしまいます。その点では、経営者も社員も一緒に汗を流しながらゴールを目指す日本の経営スタイルに分があると思うのです。私の経験からも、インドネシアの人たちには、日本スタイルを受け入れる素地は十分あると思います。

もう少し掘り下げてみると、インドネシア人のメンタリティー（＝心理状態）というのは、意外と日本人に近いとも思われます。多民族国家という点では日本と大きく異なりますが、島国で移民もほとんどいないという共通点からすると、インドネシア人としての同質性が高いんですね。そして仲間や和を大切にする国民性を備えています。だから日本人にとって、インドネシアは住みやすい国であり、日本のスタイルが比較的通用しやすい国であると思うのです。

バランス型リーダーでもアジアで成功できることを証明したい

インドネシアで働き始めてから早いもので2年半が経ちます。現在の私を取り巻く状況として、日本には親会社があり、合弁会社を一緒に手がける現地パートナー企業がいて、会社には大切な社員が、そしてジャカルタで一緒に暮らす家族がいます。事業の成功には長い年月が必要で、そのためにはそこに関わる全員がＷｉｎ－Ｗｉｎでないとうまく物事が進んでいきません。

また、こちらで過ごしてみて、日本から見ていた以上に力強く成長する東南アジアの姿、そこで働く一人ひとり実力と大きな可能性を兼ね備えた現地のビジネスマンの存在に気づきます。今まではアジアで会社を経営して成功を収めるためには、強いカリスマ性を持って周りをぐいぐい引っ張っていくようなリーダーの存在が必要とされていました。

ですが、これからのアジアではそういった経営者だけでなく、それぞれの力をうまく引き出しながら多くのメンバーを一つの力にまとめていくバランス型のリーダーこそが必要とされると思います。

私は、自分自身を、協調性を大切にしながら絶妙なバランスをとって物事を進めていく性格だと自負しています（笑）。

こういう自分がアジアで成功することにより、その考え方が正しいとぜひ証明したいですね。そしてこの地で周りの人とともに成功したい、そう思わせる魅力が、ここアジアにはあるのだと思います。

インタビュアーの目線

ジャカルタ進出中のベンチャー企業の間でも、パイオニア的存在として知られる榎原代表ですが、オーナー社長でないこと、日本で苦汁をなめた末の背水の陣であることを自覚されているところが、会社や榎原さんの底力になっていると感じます。仲間やコミュニティーを大切にするインドネシアで、榎原さんのバランス経営がどう花開くか、楽しみです。

日本人らしさが、
日本人の付加価値となる

小椋 啓太

Keita Ogura

ACC Factory Pte. Ltd.
General Manager

1974年高知県生まれ。
高校卒業後、アメリカの大学に進学。帰国し、上智大学卒業後、国内企業に就職。データベース作成、システム開発業務などIT業務で経験を積んだあと、会社経営に興味を持ち会計士に転身しシンガポールへ。大手監査法人にて内部統制監査業務、外部監査業務に従事し多くのシンガポール現地企業の会計・税務実務に携わる。2010年より当地の会計事務所ACC Factory Pte. Ltd.の運営を任され、シンガポール進出企業に対する各企業の事業・ステージに応じた会計・税務サービスを提供。海外進出に関する会計・税務アドバイスほか、企業経営の効率化と業務の最適化、コスト削減などのサポートを行う。シンガポール公認会計士。

Contact

7500A Beach Road, #11-324 The Plaza, 199591 Singapore
EMAIL : general@acfl.com.sg

日本人らしさが、日本人の付加価値となる

日本でもアメリカでもなく、シンガポールを選んだワケ

アメリカの大学を卒業してから日本に戻り、事業会社でソフトウェア開発の仕事に携わっていたのですが、あるとき一念発起して公認会計士の資格取得を目指すことにしました。約2年間、毎日仕事が終わると近所のスターバックスに通い、教材と電卓を片手にひたすら勉強しました。合格したのは2006年、32歳のときでした。

公認会計士を目指したのは、IT関係のエンジニアとして、会社の顧客データ管理や売上管理のシステムを作っているうちに、利益をあげて事業を回す会社の仕組みに興味を持つようになったからです。そこで経営の最前線に触れることができる会計士になろうと思いました。

Point

今後の30年間を展望したとき、東南アジアはいちばん働きがいがある場所。

時間を厳守する勤勉さも世界に通用するジャパニーズクオリティー。

東南アジア各国のマーケットに入り込むには、多様性への対応が必須。

資格を取ったあとに考えたのは、「どこの国で働くか」ということでした。30代前半の自分は、これから先30年は働き続ける必要があります。けれども、これから30年の日本を思うと収縮していくイメージが強く、先行きがそのようにしか思えない国で働いていても、ワクワクがありません。アメリカの大学に行っていたのだから、アメリカで働く選択肢もありましたが、アメリカだって、もうこれまでのような成長は望めないかもしれません。「でも東南アジアであれば、これから成長していく可能性が高い」と考えたのです。

東南アジアの中でシンガポールを選んだのは、英語圏であること、国際的に汎用性の高い国際会計基準を採用していたこと、そのため自分が習得した会計知識を活かしやすいことなどが理由です。そこで世界4大会計事務所の一つであるアーンスト・アンド・ヤングのシンガポール事務所の採用試験を受け、無事合格してシンガポールで働くことになりました。

それから約4年後の2010年、さらなる転機が訪れます。監査業務に携わっていた私は、この仕事にもどかしさを感じていました。監査という仕事は、独立性を保つために顧客企業と一定の距離を置くことが求められます。経営の最前線に触れたいために会計士になった私が「クライアントと一緒にビジネスを作っていける仕事がしたい」と思うようになったのは、ごく自然な流れでした。

そんなとき、日本で経営管理や経営戦略の支援を手がけている会社の代表から声がかかりました。シンガポールに設立した現地法人「ACC Factory Pte. Ltd.（以下ＡＣＣ）」の経営を任せたいというお話でした。ＡＣＣも会計事務所ですが、クライアントの経営現場により踏み込んだ仕事ができそうだったことから、すぐにオファーをお引き受けすることにしました。

アジアの空気に慣れても、日本人らしさは忘れない

ＡＣＣの主なお客様は、現地に進出している日系企業です。現地法人の設立や就労ビザの発行のお手伝いから始まり、月次経理や決算書、税務申告書の作成業務などを行っています。また最近では、地域統括会社の経理業務のように、東南アジア域内の多国間の取引のお手伝いをする機会も増えてきました。

このような仕事を手がけていると、シンガポールや東南アジアの経済や日本企業の動きを肌で感じ取ることができます。私は日本のバブルを知らない世代ですが、今のシンガ

ポールを見ていると「日本がバブルだったときもこうだったんだろう」と思うぐらいに活気にあふれています。失業率もわずか２%台。新たな活路を求めてシンガポールに進出してくる日系企業が後を絶ちません。

そんな状況もあって、幸い多くの仕事に恵まれています。実は事務所のホームページもないのですが、あればあったで、問い合わせに対応できない恐れもあり、躊躇するところです。せっかく連絡をいただいても、返信すらできずに信頼を失うリスクを考えたら、口コミと紹介をベースにして仕事を広げていったほうがいいとも思えます。

それに、日本と比べるとマーケットがコンパクトでプレーヤーの数も少ないシンガポールは、人と人とのつながりで仕事が発生するケースが多いです。新たに紹介されたお客様の仕事に対して、きちんとしたクオリティーで応えれば、またそのお客様が新しいお客様を紹介してくださるという循環が成立している。私たちとしても、「そのお客様を紹介してくださったお客様を裏切るわけにはいかない」という気持ちが働くので、強い責任感とやりがいを持って仕事に取り組むことができます。逆につながりがモノをいう世界であるぶん、もしクオリティーの低い仕事に終始したときには悪い噂も一気に広がるわけですから、緊張感はあります。

私が考える「クオリティー」とは、日系企業のお客様に価値を感じていただけるサービスを提供することです。シンガポールに進出してきて、間がない企業であれば、まだ現地の商慣習も知らなければ、法律もわからず、戸惑うことがたくさんあるはずです。私たちは、シンガポールの法律や税制度に明るいうえ、日系企業の経理や会計のやり方についても熟知しています。日系企業の立場に寄り添いながら、「この売上については、こういう税制を活用するといいですよ」といった会計・税務面でのアドバイスをすると、とても喜んでいただけます。これはローカルの会計事務所ではなく、日系の会計事務所だからできることだと思います。

スタッフには時間を守ることも徹底させています。多くのシンガポール人は、10分程度は遅刻と思わない人が多いですが、日系企業を相手に、10分の遅刻が二度三度と続いたら信用問題に関わります。そこで、日本人からすれば当然ですが、お客様のところには必ず時間通りに到着するように指導しています。

でもいちばん大切なのは、私自身が日本人の感覚を忘れないことだと思います。どうしても海外生活が長いと、現地の価値観や仕事のスタイルに染まってしまいます。郷に入っては郷に従うことも大切ですが、日本人の価値観やメンタリティーを持ち続けていないと仕事に支障が出てしまいます。

以前、あるお客様から「日本人は取引先と仕事でトラブルが生じたときでも、何とか折り合いながら最後までやり遂げようとする。でも現地の企業は、価格交渉一つとってもビジネスライクで、折り合わなければ決裂ということが起きる。だからACCを選んだ」と言われたことがあります。私が日本人らしさを失えば、自分の仕事の付加価値までも失うことになる。そうならないように、日本では何を背負いながら、どんなモチベーションで仕事に向き合っているかを時々思い出すようにしています。

東南アジアには、複雑なパズルを解く面白さがある

アジアでビジネス展開を考えたとき、当然選択肢としては中国やインドも挙がりますが、私は東南アジアがいちばん面白いと思います。東南アジアは大国の中国やインドとは違って、言語も文化も宗教も民族も異なる小さな国がモザイクのように入り交じっています。

しかし総体としてのマーケットの規模は大きく、今後成長が見込めるエリアです。東南アジアに進出している企業はまだ、各国の多様性に対応しながら、いかにマーケットへ入り込んでいくか、手探りで事業を進めている段階です。私はそうした企業のお手伝いができることに、複雑なパズルを解くような面白さもあると感じています。

東南アジアの中でもシンガポールは、ほかのアジア各国のように賄賂を要求されたり、理不尽に税金を取られるといった不透明な部分がなく、フェアで自由な競争環境でのビジネスが可能です。パイオニア企業への優遇税制を打ち出すことで有望企業を呼び込もうとするなど、東南アジアの先進性もあり、首都になろうとするかのような意思も感じます。東南アジアでビジネスを展開するにあたり、整備されたビジネスインフラを保有するシンガポールに拠点を置くメリットは大きいと思います。

一方、巨大な消費地としての魅力があるのは、やはりインドネシアやタイ、マレーシアです。実際に、シンガポールに拠点を持つ日系企業も、マーケットとしては上記の国々に目を向けています。私たちもシンガポールにとどまらず、次はインドネシアやタイといった国にも拠点を設けて、東南アジアのエリア全域で広くお客様に対するサポートができる状態に持っていきたいと考えています。

もしかしたら10年より先は、私の興味は東南アジアを飛び出し、もっと世界に向いているかもしれません。けれども、少なくともこれから暫《しばら》くの間は、成長期の東南アジアと一緒に歩んでいきたいですね。

インタビュアーの目線

シンガポールでの順調な事業の進展を、たまたま読みが当たっただけと謙遜される小椋さんですが、このご時世に紹介だけで手一杯な状況とは何とも羨ましい限り。ストレスフルなプッシュ営業とは無縁に、いいお客様にいいサービスを実直に提供する。上りのエスカレーターに乗る大切さと日本人クオリティーの仕事の在り方を思い知らされた気がします。

市場が変われば、本社の所在地も変わるべき

木島 洋嗣

Hirotsugu Kijima

統括・ハブ機能研究所所長
Tree Islands Singapore Pte. Ltd.
代表取締役社長

1975年東京都生まれ。

2009年よりシンガポール在住。統括・ハブ機能研究所では500社以上の会員企業に、シンガポールをアジアのハブ拠点として活用しASEANや世界に出ていくための経営情報を提供している。毎月東京・大阪・シンガポールでセミナーを開催。また日本の大都市をシンガポールのような人・モノ・カネを惹《ひ》きつける国際ハブ都市にしていく活動も行っている。このほか、港湾開発、交通インフラ輸出、オリーブオイルの輸出、ショッピングモール開発などにも取り組んでおり、シンガポールを拠点に、日本・香港・カンボジア・ドバイなどで事業展開している。

Contact

2 Marina Boulevard #38-02 The Sail @ Marina Bay Singapore 018987
EMAIL : treeislands@singnet.com.sg
URL : http://www.region-hub.com/

市場が変われば、本社の所在地も変わるべき

静養先のシンガポールが仕事場に

シンガポールにツリーアイランズという会社を設立したのは２００９年のことです。

私は大学卒業後、アメリカのシンクタンクに勤務し、その後リクルートに転職しました。そして２００４年に独立してコンサルティング会社を設立し、主に日本国内で人事コンサルティングや地域活性化の仕事に携わっていました。

シンガポールに拠点を移したのは、ちょうどアジアが伸びつつある時期だったので、日本国内で仕事をしているよりも実際に自分もアジアに出てやったほうがいいだろうと判断したからです。

Point

海外進出は、面展開で考えることが大事。

各国のキーパーソンとネットワークを持っておくと、ビジネスが広がる。

海外に住むと、海外の視点から日本のあるべき未来像が見えてくる。

というのは表向きの理由で、実をいえば、体調がすぐれない時期が続いていた2008年頃、シンガポールで仕事をしながら、半分は静養も兼ねて、しばらく滞在する機会があったのです。プールに入ってのんびりしたり、美味しいものを食べているうちに、体調はみるみると回復。気候もいいし、ほかの東南アジアの国と違って英語も通じるからコミュニケーションにも苦労しない。「ああ、こういうところで暮らせたらいいなぁ」と思い、引っ越しました。シンガポールが東南アジアの中でも人・モノ・カネが集まる拠点となっているということは、こちらに来てから知ったことです。

シンガポールでは当然ゼロから顧客を開拓しなくてはなりません。一生懸命電話かけをしました。ちょうど2009年頃はリーマンショックの影響で、日系企業の社長クラスは時間を持て余し気味で、アポイントも取りやすかったのです。景気はどん底でしたから直接仕事には結びつきませんでしたが、現地での人間関係を構築するのには絶好の時期でした。

すると今度は2010年から景気が一気に反転して、この年のシンガポールの実質GDP成長率は前年比プラス10%以上を記録します。日系企業の社長たちも急に忙しくなって、それで私にも声がかかるようになったのです。ＡＳＥＡＮ各国の物流オペレーションをシンガポールに集約することで物流コストを下げる方策や、シンガポール国内で営業所を増やす際の地域別の人員配置計画など、多様なコンサルティング業務を手がけました。

今でこそシンガポールにもたくさんのコンサルティング会社が日本から進出していますが、当時は私のような存在は、希少価値があったようです。

アジアでは面での展開を考える

現地でコンサルティングを続けるうちに、シンガポールに進出している日系企業が共通して抱えている課題が見えてくるようになりました。

シンガポールにある企業は、５４０万人しかいないシンガポールの国内市場だけを相手にビジネスをしているわけではありません。ＡＳＥＡＮ、アジア、世界全体の市場を見据えた営業・マーケティング機能や、物流・調達・金融機能を持った企業がたくさんあり、世界から人・モノ・カネを集められるシンガポールのハブ機能を活用しています。このハブ機能の活用こそが、シンガポールにある企業の生命線ともいえるのです。

しかし、シンガポールのハブ機能の活用法について、各社に具体的なノウハウが確立されているわけではなく、またそんなノウハウを持つコンサルタントもいないことから、現地法人の社長は試行錯誤されているのが実情でした。

そこで私は、このテーマを徹底的にリサーチし、ノウハウを蓄積し、２０１１年に「統括・ハブ機能研究所」という組織を立ち上げることにしたのです。当研究所は、それぞれの国の市場規模、インフラの状況、人・モノ・カネの調達のしやすさ、税制、政情等のリスク要因などを見ながら、ある事業を行うときに、どの国や地域に統括拠点を置き、どこの国や地域で事業を展開すると、もっとも高いパフォーマンスで利益をあげることができるかについて、アドバイスをすることを目的とした組織です。

具体的には、年会費による会員制を採用し、会員限定で定期的にメールマガジンを発行するほか、毎月シンガポール・東京・大阪で開催されるセミナーには、会員企業の社員は何人でも、何回でも参加可能となります。また、対面による個人面談も実施し、地理的にお会いするのが難しい方については、スカイプでの面談にも対応しています。お陰様で会員企業は現在５００社に達しました。

シンガポールならシンガポール、インドネシアならインドネシアの現地進出をサポートしているコンサルティング会社は多数存在します。しかし統括・ハブ機能研究所は、アジア・世界のどこに、どんな（本社）機能をおいて展開すれば、複数国での事業展開が容易になるかを提案するという意味においてはオンリーワンでナンバーワンではないかと自負しております。

例えば、ある企業が「インドネシア・マレーシア・タイにおいてBtoC事業を行う」と経営判断すれば、3ヵ国にそれぞれマーケティング・物流・金融機能を置くのか、それとも、これらの機能のうちの一部を各国に置くのか、どこまでをシンガポールに集約させるのかといったことをアドバイスします。最小のコストで最大の成果が上がるシンガポールの活用の仕方をアドバイスしているのです。

シンガポールのようなハブ都市を日本に

「シンガポールに拠点を置いて、アジア市場・世界市場に面で展開していく」という考えをさらに推し進めると、日系企業が日本に本社を置く意味が問われるようになります。

「日本に本社があって、シンガポールにも拠点がある」というのが多くの日系企業の現時点での姿ですが、「本社をシンガポールに移転して、日本は支社という位置づけにしよう」という発想が出てきてもおかしくないわけです。企業としては、世界中の都市の中でもっとも効率的な経営ができる場所に本社を置いたほうが合理的です。実際に、シンガポールへの本社移転に関する相談は増えており、既に移転を実現させた企業も現れています。

こんな話をすると、私が日本の空洞化を推し進めようとしているかのように思われるかもしれませんが、私は日本の未来について、シンガポールから学べることを考え行動しています。

シンガポールから日本が学べることとは何かというご質問をよくいただきますが、540万人のシンガポールから1億2000万人の日本がそのまま学べることはありません。しかし東京・大阪をはじめとする日本の大都市の在り方について、都市国家シンガポールから学べることはたくさんあります。シンガポール・チャンギ国際空港は毎年シンガポール人口の約10倍の人が訪れており、シンガポールの港は東京港の約8倍の貨物がやってきます。世界中から人・モノ・カネを集める努力をし続けてきたからこそです。

その結果、世界中から企業のアジア本社、世界本社が集まり、物流・金融などの産業が栄え、石油化学産業など高付加価値な製造業の集積も起こっています。カジノ・ホテル・コンベンションセンター・ショッピングモールを一体的に運営する総合リゾートも開設され一大観光産業も形成されています。インフラを早くから民営化し、シンガポールの航空会社や港湾管理会社、水道会社、地下鉄会社などが世界中で事業を行っています。日本が人口減少社会に突入した今こそ、これらの政策を日本の大都市で実現させることこそが日本の大都市再生の切り札であると考えています。

この考え方に「大阪都構想」は極めて近いです。残念ながら東京はまだまだ内需でいけるだろうという安心感からかこういった話はあまり進んでいません。成田・羽田の経営統合、東京港・横浜港の民営化などの話はほとんど進んでおらず、既に経営統合している関空伊丹を保有する新関空会社の運営権売却や大阪府市港湾局の統合と民営化などが政策としては先行しています。統括・ハブ機能研究所では、シンガポールのハブ都市政策を大阪府市とともに実行すべく具体的に活動をしています。

このように、日本にいるよりも、海外から母国を見ることで、日本が今後目指すべき姿も見えてくるようになりました。シンガポールには出張や視察などで日本の全国各地からいろいろな方が来られますから、日本人と交換する名刺の数は、東京にいた頃よりも今のほうが断然多いんです。またそうした出会いの中から、日本の国内企業や地域活性化のお手伝いをする機会も増えてきています。

シンガポールから日本を応援する姿勢、シンガポールが日本の未来を支えるという視点を、これからも持ち続けていきたいですね。

インタビュアーの目線

LINEが福岡をアジアの拠点とするように、市場を日本国内からアジアへ広げるのであれば、ビジネスの中心点である本社機能が東京にある必然はなくなる。シンガポール都心部マリーナ地区の高層階にある木島社長のオフィスから「マリーナベイ・サンズ」を眺めながらお話を伺っていると、こちらまで俯瞰《ふかん》して物事を考えられる気がしました。

人との出会いから生まれる
ビジネスは楽しい

黒川 治郎

Jiro Kurokawa

HUGS Co., Ltd.
代表取締役

1979年イラク・バグダッド生まれ日本育ち。
学生時代は、プロサッカー選手を目指して、イギリスに留学する。社会人になり一部上場企業のトップセールスマンとして活躍したあと、27歳で起業し、東京都内で飲食店など複数店を経営する。著しい発展を遂げるアジアに目を向け、2010年にカンボジアを訪問。同年にカンボジア現地法人HUGSを共同代表らとともに立ち上げた。2011年には家族とともにカンボジアへ移住。1000ヘクタールの農地を経営するほか、プノンペンの中心に10店舗以上の日本の店が集まるJapan Streetを作るなどさまざまな事業を展開。現在までに300名を超える経営者をカンボジアへ導き、日本企業のカンボジア進出支援も積極的に行っている。

Contact

B-RAY TOWER 5th floor, No166, Norodom Blvd,Tonle Bassac,
Chamkarmon, Phnom Penh,Cambodia
EMAIL : info@hugs-int.com
URL : http://hugs-int.com/

人との出会いから生まれるビジネスは楽しい

実は住んでよし、仕事をしてよしのカンボジア

私が代表を務めているHUGSは、カンボジアで二つの事業に取り組んでいます。一つは農地開発と農場経営。そしてもう一つは日本企業へのカンボジア進出支援です。私は日本で農業の経験はもちろん、勉強をしたこともなく、カンボジアに来るまでは、まさか自分が農業に携わることになるとは思ってもいませんでした。

初めてカンボジアを訪れたのは2010年7月、31歳のときです。私は27歳のときに起業し、当時は日本で焼肉店やゴルフスクールといったフランチャイズビジネスの支援事業などを行っていました。し

Point

自分たちの利益だけでなく、進出している国に貢献する事業を考える。

専門分野を限定しなければ、出会いの中でもビジネスは見つかる。

急成長を遂げている国では、あえて細かい事業計画は立てない。

かし日本では、資金調達の課題を抱えているベンチャー企業を、金融機関が支援する仕組みが整っていないなど、国内で事業を展開することにやりにくさを感じていました。そうしたこともあり「このまま国内にとどまっていても面白くない。だったらやっぱり海外に出よう」と決めたのです。

実は私の生まれは、当時父が駐在員として赴任していたイラクのバグダッドです。小学生のときには、やはり父の仕事の関係で半年間ほどシンガポールに住み、19歳のときにはサッカー選手になることを目指して10ヵ月ほどイギリスにサッカー留学をしたこともあります。そのため、日本の事業をたたんで海外に飛び出すことに対しては、ほとんど抵抗感はありませんでした。むしろ「いずれは自分も海外で会社を経営したい」という気持ちのほうが強かったくらいです。

海外に出ることは決めたものの、大切なのはどこの国に行くかということ。私は自分の居場所を見定めるために、アジアやヨーロッパ、アフリカのさまざまな国を訪ねました。そのときの訪問先の一つにカンボジアがあったのですが、直感的に「ここだ」と思ったんです。

カンボジアの最大の魅力は人びとの笑顔です。いつどこで誰と会っても、屈託のない、ニコニコとした笑顔が返ってきます。またビジネスでいえば、外資系企業でも現地企業と合弁を組むことなく単独で法人を設立することが可能であり、利益の海外持ち出しも無制限となっています。街でもUSドルが9割方は通用します。ビザの取得も容易であり、そして親日的です。実は住んでよし、仕事をしてよしの環境なのです。

そうと知った私は、カンボジアに訪問した時点で、すぐに移住を決断。日本で新築したばかりの一戸建てを無事売却すると同時に、2011年2月に家族と一緒に移り住んできました。

地雷を撤去しながら農地を開拓し、雇用を増やす

カンボジアという国の魅力に惹きつけられて移住したものの、何の仕事をするかはノープランだった私は、さまざまなことに取り組むうちに見つけていくことにしました。

現地で知り合った仲間と協力して最初に行ったのは、孤児院の子どもたち55人を日本に招待する活動です。けれども、そのときに感じたのは、寄付やボランティアに頼った活動には限界があるということでした。というのも、カンボジアの人たちは寄付に慣れきって

しまっていて、与えられることが当たり前のようになっています。どうせビジネスをするのなら、彼らの自立につながるようなことをしたい。心からそう思いました。

そのときに浮かんだのが農業でした。元々カンボジアは農業国で、約8割もの人が農業に就いています。しかし農地の開発が遅れ、労働生産性も低いため、農業国でありながら農業後進国でもあります。そこで私たちが携わることでカンボジアの農業を活性化し、農家の経済的自立に貢献できないものだろうかと考えたのです。当時メンバーの中には、農業を経験したことがある者は誰一人いなかったのですが、長年農業に取り組んでいる現地の方と、ご縁でつながりができたのが大きかった。この人たちの役に立ちたいと思ったのです。


現在HUGSでは、カンボジアのシェムリアップからタイ国境近くの一帯で、約1000ヘクタールの農地を開発し、農業のほか養豚や養鶏も手がけています。

1000ヘクタールの農地の開発は、自分たちで農業用の重機を購入して、開墾するところから始めました。そこでは主にキャッサバという芋を栽培して、タイやベトナムに輸出しています。キャッサバというと日本では馴染みがありませんが、芋の中では世界的にはジャガイモに次いで生産量が多いのです。そのほかに日本向けとしてショウガやゴマの栽培を検討しています。

実はカンボジア国内には、カンボジア内戦時に埋設された地雷がまだ500万発残っているといわれています。そこで農業によって得た収益の一部を、地雷撤去を行っている民間団体に活動費として提供しています。そしてこの民間団体が地雷を撤去した土地を、私たちが新たに開墾してキャッサバ用の農地に転換し、さらにその農地で働いてもらう人を現地で雇用することで貧困層の生活向上を実現させるというのが、私たちが描いているビジネスのスキームです。

1000ヘクタールの農地を開発するための資金については、日本の企業約30社に投資をしていただきました。だから私の役割は、カンボジアの農家の人のためにもそしてサポートしてくださっている日本の企業の方のためにも、この事業をやり抜くことだと思っています。

今にして思えば、私たちの長所は専門性がないところだと思っています。まず人との出会いがあって、その人に共鳴して、その人のために何ができるか、その人と一緒に何ができるかを考えます。そしてビジネスプランを立て、一度事業を動かし始めたらやり遂げる。

そういうスタイルのほうがやりがいも感じられるし、何より楽しいんですよね。

プノンペンにジャパンストリートを作る

日本企業へのカンボジア進出支援に関わる面白い構想が、現在進んでいます。私たちが支援している日本の飲食店が、プノンペンの中心に次々とオープンして、もうすぐ10店舗になります。この誘致をさらに進めて、ジャパンストリートにできないだろうかという構想です。プノンペンには、世界中どこの大都市に行ってもあるはずの中華街やコリアン街、インド街がないので、その中で日本街をいちばん最初に作ってしまおうというものです。

通りの名前は「キズナストリート」。カンボジアには、日本の無償援助でメコン川に架けられたキズナ橋という名の橋があるのですが、カンボジアの人たちにはすごく感謝されていて、紙幣の図柄にもなっているくらい有名です。だから「キズナ」という言葉の意味は、現地の人にも理解されています。私はキズナストリートをキズナ橋とは違う意味で、カンボジア人に喜んでもらえる場所にしたいと思っているのです。

これまでＯＤＡ（政府開発援助）を通じたカンボジアへの支援をもっとも行ってきた国

は日本でしたが、近年では中国が急速に追い上げてきています。しかし経済が急成長を遂げ、人びとの生活が一変しようとしている中で、ODA以外にも、日本人だからこそできるカンボジアへの貢献の仕方があると思います。それを私たちは追求したいですね。

前述したように、カンボジアは既に発展を遂げているほかの東南アジア諸国に比べ、進出にかかるコストが割安で済みます。また100%独資での会社設立が可能ですから、自分たちが主導権を持って事業を進められます。ビジネス環境もかなり整備されており、日本企業が初めて海外展開をする国としてもお奨めできます。私はまずカンボジアでアジアでのビジネススタイルをある程度確立したうえで、ほかのASEAN諸国に出ていくというやり方がベストではないかとも思っています。

「カンボジアは貧しい国だから、商売が成り立たないんじゃないか」と思う方もいるでしょうが、どこの国でも中間層や富裕層は確実に存在しています。街には高級車がたくさん走っています。彼らが関心を持つ高級商材やサービスを提供すれば、十分利益をあげることは可能です。

今のカンボジアは、ものすごいスピードで成長しています。1年後の姿もイメージできないため、私が細かい事業計画を立てるのを諦めたくらいです。国が大きな変貌《へんぼう》を遂げていく中で、これからもさまざまな出会いがあると思います。その出会いの中から、自分たちがやるべき事業を見つけ出していきたい。移住当初は自分が農業をやるなんて想像もしていなかったように、数年後にはまたまったく違うビジネスを手がけているかもしれませんね。

インタビュアーの目線

ミャンマーと並び、アジア最後のフロンティアといわれるカンボジアに惚《ほ》れ込み、妻子と両親を連れて、カンボジア・プノンペンに移住した黒川代表。まだ30代の若手起業家とは思えない、未知の土地でディズニーランド20個分の農業ビジネスを手がけるバイタリティーと、カンボジアに対する慈悲深さは、まさにアジアビジネスのパイオニア的存在です。

海外にいる日本人は
日本人に対してとても優しい

野中 遼

Ryo Nonaka

Nonaka Precision
代表取締役

1984年東京都生まれ。
大学を中退し、金型洗浄機の会社に入社。タイ国内において金型の需要が拡大していることを受け、タイにてNonaka Precisionを設立。以来、大手日系企業50社近くと取引をする。2012年にタイのラヨーン県に支店を開設し、2013年にはプラチンブリー県にも支店を開設した。また、中国、香港にも現地法人を有し、アジアにおいてNonakaグループを統括している。タイで活躍していきたい同世代の日本人に対しても積極的に投資を行っている。

Contact
Asoke Building 17floor 253 Sukhumvit 21 Road,Klong Toey Nua,
Wattana, Bangkok 10110, Thailand
EMAIL : info@nonaka.co.th
URL : http://www.nonaka.co.th/

海外にいる日本人は日本人に対してとても優しい

23歳にしてタイで金型部品メーカーを創業したワケ

精密金型部品のメーカーであるNonaka Precisionをタイで設立したのは2008年、私が23歳のときでした。金型部品というのは、たい焼きの型を思い浮かべていただくとわかりやすいのですが、いろいろな部品を量産するための金属製の型のことです。自動車でいえばシートベルトの部品やスイッチパネルなども、それぞれ専用の金型部品を製造したうえで量産が行われるわけです。

この世界に入ることになったのは、大学を休学して、タイで金型洗浄機のメーカーを経営していた父の友人のもとで、1年間ほど修業をさせてもらっ

Point

日本では門前払いされるような大企業でも、アジアでは会ってくれる。

取引先の要求レベルに応え続けることで、信頼を得る。

現地の従業員と一緒に、会社が成長する喜びを分かち合う。

たのがきっかけです。ちなみに金型洗浄機というのは、金型に付着した汚れを取るための機械のことをいいます。自動車もバイクも大好きで、メカニックな部品にはどうにも没頭してしまう性格のようで、金型に関わる仕事がとにかく楽しくて、すっかりのめり込んでしまいました。高校生の頃から東南アジアを旅する機会が多く、タイに魅力を感じていたことも、一層私の背中を押すきっかけだったと思います。

修業先の社長から、金型洗浄機についてのさまざまな技術を教えてもらう中、東南アジアでは先進国からの工場進出が進み、金型部品そのものに対する需要がますます高まってきているという話も聞かされていました。「アジアも好き。モノを作るのも好き。必要とされるならば、ここで事業を始めよう」と決心するのに、さほど時間はかかりませんでした。

まず現地でDVDショップなどを営みながら資金を貯め、それを元手に創業。日本の大学は中退してしまったのですが、さすがに両親も友達も驚いていました。私は一度決めたことはやり通さないと気が済まない性質でもあり、気持ちは起業に向けて一直線。最低でも3年は頑張ってみようと心に決めていました。もちろん、それまで会社経営などしたこともないのに、なぜか「絶対に成功する」という確信もありました。

創業当時の陣容は、私と現地スタッフ3人の計4人。最初に借りた部屋は、エアコンもなく、毎日汗だくになって働きました。現地スタッフは元々金型部品関連の仕事に就いていたので、彼らに現地企業への営業活動をしてもらい、私は日系企業のメーカーに営業をかける側に回りました。

初めのうちはダメで元々と思って電話かけなどをしていたのですが、やってみると不思議なくらい、大手の日系企業とアポイントを取ることができました。世界的にも有名な日本の大企業が、23歳の若造が創業したばかりの、まだ何の実績もない零細企業のために商談の時間を作ってくれるなんて、日本であれば考えられないことだと思います。けれども海外においては、日本人は日本人に対してとても優しい。何しろ相対的に日本人の数が少ないこともあって、話だけでも聞いてくれるケースが多いのです。

当時の私にとっては、話を聞いてもらえるだけでもラッキーです。「今度、金型部品のサンプルを作ってきますので、ぜひ見てください」というところまで話ができれば、品質の高さは、手にとってもらえればわかっていただける自信はありました。結果として採用率も上がり、私たちはかなり早い段階から大手企業との取引を始めることができました。

このように新しい金型部品を製造するときには、必ず最初に無料サンプルを作り、お客様に問題がないかどうかを実際に使用して確認いただいたうえで、量産体制に入ります。また金型部品はいつ壊れるかわからないので、常にパーツをストックしておき、注文があれば短期に納品できる体制をとっています。これが当社の強みですね。

この仕事でもっとも大切なのは品質管理です。創業当時は中国企業の工場と提携を結び、製造を委託していました。タイの工場では難しい24時間稼働も、中国ならば可能です。今は自社工場を持ち、設計から製造までを行っています。工場内では何度も品質検査をし、品質検査主任が最終確認を行って、バンコクの本社に届きます。すぐに輸送時に傷がつかなかったかなど、目視確認をしてからお客様のもとへ届けられます。また、生産現場の徹底した温度管理と生産技術の向上に伴い、1000分の2ミリまで対応が可能になりました。次第に「Nonakaの部品はなかなか壊れない」という評判がメーカーに広がり、タイでの取引先が増えていきました。

この国では、いいモノを作れば売れる

エアコンもないオフィスから始めた事業も、今ではバンコクの本社のほか、ラヨーンとプラチンブリーという県にも支店を設けられるところまで拡大することができました。どちらの支店も工場地帯にあるので、工場のお客様に何かトラブルがあれば30分以内に対応できる体制も整いました。さらに中国には自社工場を開設、香港には経理関係のオフィスがあります。また2014年よりタイ工場も操業を開始しました。タイに工場があることにより、近年騒がれているチャイナリスクの分散や部品の修正等をタイムリーにできるため、よりお客様に密着した営業が可能になりました。

私たちにとって、特に重要なお客様は、自動車関連産業の企業です。実は、タイはアジアのデトロイトといわれ、自動車メーカーや部品メーカー、さらにその下請け会社が続々と進出してきています。これまで私たちが順調に成長することができたいちばんの理由は、「金型部品の需要が高まっていくタイで、お客様の要求レベルにしっかりと応えられる品質の製品を提供し続けてきたこと」に尽きると思います。

私が創業時に「絶対に成功するはず」という確信があったのも、「需要に対して供給が追いついていないこの地域であれば、いいモノを作り続けていれば、いずれ絶対に売れるときが来るはず」という考えがあったからです。そういう意味では、タイという国は、いいモノを作ったり、いいサービスを提供することで、人びとに喜んでほしいという気概がある人にとって、とても働きがいのあるところだと思います。

社員が喜んでいる姿を見るのが、自分の喜び

それにしても、こんなにとんとん拍子に会社が成長するとは、初めは想像もしていませんでした。振り返ってみると、会社が成長すればするほど、職場の雰囲気もどんどん明るくなるものですね。業績が上がれば給料も上がり、「もっと頑張ってハッピーになろう」ということで、仕事に対するモチベーションもさらに上がっていきます。

またうちの会社では、1年の売上目標を達成したら、全員で社員旅行に行くことにしているので、目標をクリアした瞬間は、みんながとても喜んでくれるんです。そのうれしそうな姿を見ることが、私の何よりの喜びといえます。ちなみに2013年は社員の希望で

韓国へ行きました。誰もが幸せな時間を過ごせたと思います。

タイ人は、コミュニケーションをしっかりと取っておくと信頼関係ができ、仕事でもこちらの期待に応えてくれるものです。私はタイの現地スタッフとは、日本人もタイ人も区別をすることなく付き合っています。だいたい週に3〜4回は、終業後、会社の人たちと一緒に食事に出掛けます。また、私は趣味でバイクレースにも出ているのですが、レースの日には従業員が私のためにピットクルーを買って出てくれるのです。ですから従業員とは公私ともに仲がいいですね。

このように、私が公私ともにタイ人スタッフと交流を図っているせいか、うちの会社はタイの中では離職率がかなり低いほうです。会社を創業してから退職者はまだ3人だけなのですから、結構長続きしているほうだと思います。

これからの当社の目標は、タイのエリアは一通りカバーできたので、次はインドネシアやベトナム、スリランカといった国々に進出することです。これらの国はまだまだ金型部品の需要に供給が追いついていないので、私たちが活躍できる余地は大いにあると思っています。タイで確立したビジネスのやり方を基本的にはそのまま踏襲して、進出先でも事業を成功させたいですね。

その一方で、まったく異業種の分野で新しい事業をゼロから立ち上げていきたいという気持ちもあります。1を10にするのはそんなに難しいことではないけれど、0を1にするというのは、無から有を生み出すわけですから、すごく大変なことです。けれども、大変だからこそ、楽しいと思うのです。まだ具体的に何をするかは決めていませんが、「これは絶対に苦労しそうだな」という分野にあえて挑戦してみたいと思います。

インタビュアーの目線

弱冠29歳。日本のお家芸〝モノ作り〟の衰退が懸念されるご時世に、あえて金型部品のメーカーとして中国に製造拠点、タイに営業拠点をわずか5年で築き上げた野中代表。これまでの順調さが怖いくらいなので努めて謙虚に慎ましくしていると、20代にしてとても抑制の利いた語り口が印象的な、聞き手の好奇心をそそるお人柄でした。

現地スタッフとのコミュニケーションは対日本人以上に密接に

中島 奉文
Norifumi Nakajima

株式会社クリスク
取締役会長兼Clisk Thailand CEO

1976年福島県生まれ。
デジタルマーケティング会社を経て2005年日本で株式会社クリスクを起業。2010年タイ支社を設立、2012年シンガポール支社設立。デジタルマーケティング事業で起業し、その後メディア事業、サイト構築事業などに拡大。現在では事業企画段階からコンサルタントとして企画を行い、ウェブサイトの構築、効率的な広告運用、ウェブサイト運用と、一連をサービス化している。2013年にはタイ人学生の日本留学をサポートする「J-cafe」をバンコクにオープン。そのほか、海外進出サポート企業である「BizzAct」、システム開発会社「Alleyoop」の取締役を兼任。

Contact
15/1 Soi Suanchareonjai (Ekkamai 12) Sukhumvit 63 Road, Wattana,
Bangkok 10110, Thailand
EMAIL : info@clisk.com
URL : http://www.clisk.co.th

現地スタッフとのコミュニケーションは対日本人以上に密接に

タイ進出、そして私がタイ専従になったワケ

クリスクは、２００５年に私が東京で創業した、ＳＥＯ対策とメディア事業を二本柱とするウェブマーケティングの会社です。タイに現地法人を設立したのは２０１０年のこと。２０１３年にはシンガポールにも拠点を設けました。

タイで事業を始めたきっかけは、ある現地企業の買収を持ちかけられたことでした。買収は見送ったものの、赤字に陥っていたその会社の建て直しを引き受け、毎月１週間程度バンコクに滞在する生活を続けた末、最終的には黒字化することができました。

Point

国内の既存事業は後進に委ね、社長は海外での事業創出に専念する。

現地の言葉を覚えることで、現地の人たちとの関係性を深める。

海外事業の成果は国内事業との相乗効果も踏まえて評価する。

その後、建て直した会社から再び買収を打診されたのですが、別の形で支援できるよう、クリスクのアウトソーシング先になってもらうことにしました。その際、自分たちもタイに現地法人を設立し、私が自ら社長として赴任することになったわけです。

タイに現地法人を設立するというのは、タイの市場を取りに行くということです。私は海外に拠点があっても、取引先は日系企業ばかりというビジネスには興味がありません。タイの現地企業と取引し、タイのマーケットに対して商品やサービスを提供していきたい。そう思ったうえでの現地法人設立でした。

要は、何もないところから、会社やサービスを立ち上げるのが好きなんですね。実はクリスクを創業する前にも、会社を二つ立ち上げた経験があります。一つは世界中から買い集めたドメインを取引する会社、もう一つはSEO関連の会社です。どちらも会社がある程度大きくなった段階で売却しています。

現地法人の設立も、自分で法律を勉強しながら設立準備を進め、事業プランを練り、従業員を採用していきました。タイでいちばん最初に取り組んだのは、ネット広告のプロモーションやウェブ制作です。このように事業の組み立て段階から自分で手がけるのと、出来上がった事業を誰かに任されるのとでは、商品やサービスへの愛情がまったく違ってくると思うのです。

タイに会社を設立して1年くらい経った頃、私は日本法人とタイ法人の社長職を兼務していたのですが、あるとき、当時の日本法人の副社長が「そろそろ僕に社長をやらせてください」と直訴してくる出来事がありました。スタッフも交えての懇親会の席上のことです。

そのときは、意表をつかれたような思いでしたが、あとからよく考えてみると、国内事業を後進に譲る絶好のタイミングです。しかも社内全体に、「自分から責任あるポジションを取りに行く人間にチャンスを与える会社」というメッセージを投げかけることにもなります。懇親会のわずか2週間後、私は日本法人代表のイスを彼に譲りました。

今でも、我ながら思い切った決断だったと思いますが、中小企業は個の力に頼らない限り成長は望めません。だからスタッフにはチャンスを与えて、伸び伸びとやらせたほうがいい。そして締めるべきところは、トップがまとめていけばいいんです。

また、これまでの自分を振り返ると、自ら事業を立ち上げて、ある程度の規模まで育て上げる〝起業家〟としての経験はあっても、大きくなった組織をマネジメントした経験はないことに気づかされました。その点、現在の日本法人代表にはそれができます。私は事業を立ち上げて育てることに徹し、大きくなった組織のマネジメントはほかのスタッフに任せる。そういうやり方が自分には適しているとと思うのです。以来、私はタイでの事業に専念することになりました。

タイ人スタッフとのコミュニケーション術

現地のスタッフや取引先とのコミュニケーションは、できる限りタイ語で行うように努めています。初めの1年くらいは英語を使っていたのですが、コツコツと勉強を続けたお陰で、最近では日常会話レベルなら、タイ語でやりとりできるようになりました。

以前、ドメインを扱うビジネスをしていたとき、日本国内のオフィスにもかかわらず、外国人スタッフに囲まれて仕事をしていた時期があります。このとき、ほとんどの外国人スタッフは日本にいながら、日本語を喋ろうとはしませんでした。現地の言葉を知らなければ、その国を理解することもできなければ、溶け込むこともできません。私には不思議でした。そんな原体験もあって、私はタイでビジネスをするなら、タイ語を話せるようになろうと最初から決めていたのです。

タイ語で会話ができると、現地の方との関係の深さが違ってきます。でも、流暢なタイ語よりも、少したどたどしいくらいがちょうどいいですね。あまりこちらのタイ語が流暢だと、相手がタイ人と勘違いして一気にまくし立ててきますから、ビジネスの場面ではやぶ蛇にもなりかねません。また、世間話はタイ語で交わしつつも、重要な商談は誤解を生じさせないために英語で行うというような使い分けも大事です。

社内でも、現地スタッフとのコミュニケーションを工夫することで、職場の風通しに気を遣っています。例えば、設立時に秘書兼経理として採用したタイ人女性がいるのですが、私はこの女性に会社の調整役になってもらおうと考えました。立場上、秘書として私と頻繁に意思疎通を図る必要があるうえ、経理としてスタッフ全員とも密接に関わりを持つ、いわば扇の要のような存在なわけです。

彼女が職場全体を笑顔にしてくれるような明るい性格だったことも幸いして、現地スタッフとは大きな問題もなくここまでやってこられました。転職が当たり前のように繰り返されるタイ社会の中で、今日まで勤め続けてくれている彼女には本当に感謝しています。

それでも、現地スタッフとの軋轢《あつれき》が表面化したことが、一度だけあります。当初、日本人スタッフに現地法人のマネジメントを任せていたのですが、タイ人スタッフの中に溶け込む努力が当人に不足していたせいで、日本人とタイ人のスタッフ間に大きな溝ができてしまったのです。「あの人とはやっていけないから辞める」と不満を言う人が、後を絶ちませんでした。

そのときに私がやったことといえば、従業員一人ひとりとの〝飲みニケーション〟でした。ときにはディスコにも連れ出し、お酒を酌み交わしては一緒に踊って、時間をかけて話し込む日々。そんなベタなコミュニケーションが奏功して、徐々に職場の雰囲気は変わり、社内には一体感が生まれました。現地スタッフとは、日本人同士で働いているとき以上にコミュニケーションを密に図る必要があると思い知らされました。

また、タイ人と接するときには、そのプライドを傷つけないよう、注意することも大切です。例えば、派遣社員に契約の満了を伝えたとすると、「会社をクビになった以上、恥ずかしくてもうここにはいられない」と、契約期間が残っていても、会社に来なくなることがあるくらい、タイ人はプライドが高いものです。だから従業員のミスを指摘するときにも、「君くらいにできる人がどうしたの？　珍しいね」というように、相手を褒めながら叱《しか》るように心掛けています。

東南アジアを席巻する企業を創り上げたい

タイのインターネット市場は、毎年数倍のスピードで成長しています。私たちが事業を立ち上げた4年前にはほとんど競合がいなかったのですが、今では日系企業もずいぶん進出してきました。ＩＴ関連の企業が増えれば、そのぶん、さまざまな協業により打ち手は増えるのですから、同業他社のタイ進出はむしろ歓迎です。

また、タイはアジアの中でも、モノや情報が行き交う要衝にあたる場所だと思います。タイには、日本からタイを経由してトルコへ向かう東西のルートと、インドネシアからタイを抜けてイランに至る南北のルートと、二つのアジアハイウェイが走っています。だから、タイで作られた商品やサービス、情報は、ほかの国に運びやすいという地理的優位性があるんです。その意味で、私はアジアでの第一歩によい場所を選んだと思っています。

また最近では、タイと日本、そしてシンガポールの三つの拠点で事業を行うことの相乗効果についても実感しています。例えばタイのオフィスには、日本からさまざまな企業の視察があるのですが、それがきっかけで、日本国内で大きな取引に進展することも少なくありません。またタイで成功した事例を、日本やシンガポールへと横展開させていく取り組みも増えてきました。

今後の目標としては、東南アジアを席巻する企業を創り上げたいですね。タイはアジアの交通の要衝であるという地の利を活かし、東南アジア全域のプロモーション、マーケティング、リサーチのすべてを請け負える会社へと成長していきたいと思っています。

インタビュアーの目線

苦労や努力はおくびにも出さず、一見すると好きなときに、好きな土地で、好きな人と仕事をしているかのように見える中島会長。浮遊感にも似た独特の感性が【タイ×シンガポール×日本】の方程式に新しい価値を生み出す予感がします。バンコクに日本の文化を体現した同社運営の和モダンなカフェをオフィス代わりにしているのも、羨ましい限りです。

海外でのオフィス賃料は その国でビジネスを始める〝入学金〟

玄 君先

Kunsen Gen

EntreHub
代表

1966年兵庫県生まれ。
神戸市出身の弁護士（横浜弁護士会所属）。灘高校、東京大学法学部、カリフォルニア大学バークレー校ロースクール修了。三井安田法律事務所、西村あさひ法律事務所、モルガン・スタンレー証券、メリルリンチ日本証券、リーマン・ブラザーズ勤務。同社破綻による失職を機に、2009年に弁護士法人港国際グループを設立（2014年1月現在計8事務所、海外2拠点〈シンガポール、ヤンゴン〉所属弁護士数28名）。3年前に家族でシンガポールに移住。シンガポールとバンコクで日系企業向けのサービスオフィスを運営。ファイナンスやM&A、オーナー企業や富裕層の資産管理、相続、事業承継、海外進出サポートなどに強い。

Contact

Entrehub Holdings pte Ltd
#07-03/04 112 Robinson Road 068902, Singapore
EMAIL : info@entrehub.sg
URL : http://www.entrehubgroup.com/

海外でのオフィス賃料はその国でビジネスを始める〝入学金〟

シンガポールに住んでいるだけで人脈は広がる

私が代表を務めるアントレハブ・ホールディングスは、シンガポールとタイで日本企業向けにサービスオフィスを提供している会社です。単にオフィスのスペースを貸すだけにとどまらず、現地に進出する企業の法人設立やビザ取得、税務申告、契約書作成などのサービスもワンストップで提供しています。

日本では、港国際グループという法律事務所の代表でもある私ですが、2010年5月に港国際グループシンガポール法人の設立とともにシンガポールに活動拠点を移し、翌年の8月には家族も現地に移ってきました。現在は

Point

日本で経営基盤を築いてから海外進出を実行する。

海外に住んでいるだけでも人脈は広がる。

出張を繰り返しても無駄。現地に拠点がなければビジネスは始まらない。

シンガポールを拠点にして、日系企業の海外進出コンサルティングを主に手がけています。現地のパートナーと提携しながら、お客様に対して法務や会計などさまざまなサポートが可能なのは、こうした背景があるのです。

海外での事業展開については、2009年に港国際法律事務所を開設した当初から頭にありました。私は弁護士として法律事務所に勤めたあと、モルガン・スタンレー証券やメリルリンチ日本証券を経て、最後はリーマン・ブラザーズで働いていました。そしてご存じのように2008年にリーマン・ブラザーズは破綻し、私は職を失いました。

そこで「これから何をしよう」と考えたときに「もうサラリーマンはやりたくない」「今度は自分で会社を立ち上げたい」と思ったのです。けれども、今後日本の経済が縮小に向かうのは確実です。生き残りをかけた競争が、これから一層厳しくなる日本よりも、国全体が大きな成長を遂げようとしているところでビジネスをやりたいと考えたのは、自然な成り行きでした。

そうはいっても、サラリーマンをやめたばかりの人間が、いきなり海外で会社を起こしたからといってうまくいくわけがありません。そこで、まずは今まで自分が培ってきたネットワークやノウハウを活かすことができる国内で事業を立ち上げ、経験や資金をある程度積み上げたうえで海外に出ようと思ったのです。国内での法律事務所の開設は、最初から海外を見据えてのことでした。

日本事務所では開設当初から弁護士を雇い、自分は経営や営業に徹するというスタンスで事業を広げていきました。証券会社時代に法務がわかる営業職として仕事をしていた私は、当然営業活動は得意です。その一方で、弁護士はその仕事柄、営業を苦手としている人が多いので、私が営業に専念することで、彼らには弁護士としての業務に集中してもらうことにしたわけです。最初は横浜からスタートし、その後神奈川県に4ヵ所、東京、大阪、神戸、福岡の計8ヵ所に事務所を設置しました。

横浜を拠点としていた私も、メールやスカイプを活用すれば、大阪や神戸のスタッフとのコミュニケーションもほとんどストレスがありません。この経験から、私が海外に拠点を移してもマネジメントはできることがわかりました。また権限委譲を進めた結果、国内の事務所については、私が細部に関わらなくても運営できる体制が整ってきたのも大きかったですね。

海外進出先としては、ソウル、北京、上海、香港、シンガポール、シドニーなど、日本との時差が少ないところを候補に挙げていきました。その中で、グローバル化が進み、日系企業も数多く進出しているという点、そして治安や食事、教育などの住環境が整っているという点からシンガポールを選びました。特に家族のことを考えると、街に緑があふれ、学校も充実しているというのは大切な要素になりました。ただ、日本と比べると物価がかなり高いのがつらいところですね。

今でこそシンガポールにも海外進出支援のコンサルタントが増えてきましたが、当時はまだ珍しかったのでしょう。日本に一時帰国した際、お客様に「実はシンガポールに住んでおりまして、今は日本出張中なんです」と話すと、すごく興味を持ってくださいました。そんなきっかけから海外進出を検討している経営者に紹介の輪が広がり、人脈がどんどん増えていったのです。

こうして知り合った方が、出張や視察でシンガポールに来られたときには、喜んでアテンドをします。シンガポール国内だけでなく、ホーチミンやジャカルタに行くと聞けば、ガイド役を買って出ては、旅行会社のツアーでは行けないような場所にも案内しながら、現地に関する情報をいろいろとお話しします。このような関係を通じて、お互いに信頼できる間柄となり、ビジネスに結びつくことが多いですね。

傍からはただ遊んでいるように見えたとしても、私は「自分ならではの付加価値を提供できる仕事だけを選ぶ」という姿勢で取り組んでいるつもりです。お客様をアテンドするにしても、その行先やもてなし方は人それぞれのはず。私ならではのサービスとは何か。いつもそう自問自答しながら、お客様に向き合っています。

法律事務所が経営するサービスオフィス

サービスオフィスの事業も、自社ならではの付加価値を考える中から生まれてきたアイデアです。

シンガポールやタイが日本と大きく異なるのは、仮にオフィスの賃貸契約を3年で結んだ場合、途中で状況が変わって退去するとしても、当初の契約通り、3年分の賃貸料を支払わなくてはいけないということです。日本のように退去の2ヵ月前に通知をすればいいというわけにはいきません。要は、オフィスを借りるのにはリスクを伴うので、サービスオフィスに対するニーズが日本と比べると高いのです。

ところが、実際に私たちがシンガポールでサービスオフィスを探してみると、どこも利用料が高すぎるという事実に気がつきました。「もっと手頃なサービスオフィスがあれば、みんな喜んで利用してくれるはず。それならば、自分たちでやってしまおう」と思ったのです。

私たちの本業はあくまで法律事務所です。つまり、サービスオフィスを利用してくださったお客様に、本業である海外事業のコンサルティングや法務面でのサポート業務の利用を促すことこそが、本質的な目的なわけです。サービスオフィス事業単体で大きな利益をあげる必要はないため、利用料は他社よりも抑えることができます。お客様としても、単にサービスオフィスを利用できるだけではなく、法人設立、ビザ取得、会計、税務申告、人材紹介、給与計算代行、契約書作成などのサービスをワンストップで受けられるのはメリットが大きいはずです。

最初のサービスオフィスは、2013年2月にシンガポールに開設、続いて6月にはバンコクにもオープンしました。バンコクを選んだのは、バンコクの経済が伸びていることもありますが、今後ミャンマーやカンボジアなどに進出する日系企業がタイを足掛かりにするケースが増えると予想したからです。

サービスオフィス事業を始めたのには、日本企業の海外進出を応援したいからという思いもあります。海外進出のポイントは、小さくてもよいから、まず現地に拠点を持つことです。いくら1週間程度の現地出張を何度も繰り返したとしても、ビジネスは広がりません。現地にオフィスを構えて、ある程度の裁量権を持った人間が駐在していてこそ、初めて現地企業の経営者も本気になってこちらと接してくれます。次はいつこの国に来るのか、わからないような人を相手に、本腰でビジネスを進める人などいるはずはないのです。

私はそういう意味では「オフィス賃料はその国でビジネスを始めるための入学金のようなもの」と思っています。本来は少々高くても払うべきです。しかし初期投資コストが高いことにリスクを感じて海外進出を躊躇している企業があるのなら、そのコストを少しでも下げたい。私はそう思って、サービスオフィス事業に参入することにしたのです。

海外に出るか、日本で茹《ゆ》でガエルになるか

日系企業も、大手の海外進出は加速していますが、中小・ベンチャーはまだまだという

状況ではないでしょうか。もちろん、海外進出の失敗によって、会社が傾いてしまうようなリスクを冒すことはできません。日本での事業がうまくいかないから、海外に活路を見出そうとする逃げの一手も考えものです。けれども、日本国内で確固たる基盤を築いている会社であれば、必要以上に失敗を恐れるよりも、リスクを抑えながら海外に打って出る方策を考えてほしい。リスクを恐れてこのまま日本に留まっていたら、茹でガエル状態になってしまうことは目に見えているのです。

こうして海外から日本を見ることで、私は日系企業の海外進出を後押ししたいと思うようになりました。現在の取り組みを10年後に振り返って、自分たちも日系企業のグローバル化に少しは貢献できたと実感できれば、うれしいですね。

インタビュアーの目線

ご自身も弁護士資格を持ちながら、日本国内で弁護士ファームを経営する一方、シンガポールとバンコクでサービスオフィスを運営する玄代表。より多くの日系企業が海外に出る一助になればとの思いから、バンコクではBTSアソーク駅や地下鉄スクンビット駅へ徒歩4分という至便なビル内の、快適なスペースをリーズナブルに提供されています。

途中でやめなかったからこそ、今がある

小田原 靖

Yasushi Odahara

Personnel Consultant Manpower（Thailand） Co., Ltd.
代表取締役社長

1969年福岡県生まれ。
1993年に渡タイ。1994年パーソネルコンサルタントマンパワータイランド社設立。タイに進出している日系企業約8000社に正社員を供給している。登録者総数7万人を超える。2012年の平均月間決定件数は約250人。2008年から2012年まで5年連続、タイ国労働省に登録されている約190社の人材紹介会社の中で最多の紹介人数を記録し最優秀功労賞の表彰を受けている。2012年、新規進出企業の激増により日系企業専門のレンタルオフィス「OFFICE23」を隣接するビルで開始。2013年2月にヤンゴンにてミャンマーで初の日系人材紹介会社の運営を始める。ほかに、人材教育事業、翻訳事業も手がける。タイで頑張る日本人起業家を応援する組織、タイ王国和僑会幹事を務める。

Contact

L, UL Floor Interchange 21 Bldg, 399 Sukhumvit Road,
Klontoey Nua, Wattana, Bangkok 10110, Thailand
URL : http://personnelconsultant.co.th/

途中でやめなかったからこそ、今がある

タイという上りエスカレーターに乗り続けた結果の成長

バンコクで、人材紹介会社「パーソネルコンサルタントマンパワータイランド」を設立してからもうすぐ20年になります。知人と2人で始めた会社は、今では従業員数が60人、取引企業も約8000社になりました。2008年にはタイ労働省職業斡旋《あっせん》局から表彰を受けることもできました。

今でこそ、タイが成長市場であることは日本でも広く認知され、起業したり、日本を離れてタイで就職したりする日本人も増えていますが、起業当時、タイに住んでいる日本人といえば、日系企業の駐在員ぐらいでした。私はそのタイで、日系企業に対してタイ人のスタッフを紹介するという事業を始めたわけです。

Point

成功の秘訣《ひけつ》は、やりがいを持って続けられる事業を選ぶこと。

タイ人特有の気質を理解して、良好な人間関係を築くのが大事。

海外で働く前に、短期間でも国内での就労経験があったほうがいい。

日本人がほとんどいなかった時代に、どうしてわざわざタイで事業を立ち上げたのかというと、自分でも「成り行き任せ」としかいいようがありません。

私は高校までは福岡で育ったのですが、大学は日本ではなく、アメリカ・オレゴン州にある小さな大学を選びました。卒業は1992年。その頃のアメリカは不況のさなかにあり、大学を卒業しても就職先がなかなか見つからないという状況でした。そのため若者たちの間ではアメリカに見切りをつけて、NIEs（新興工業経済地域：Newly Industrializing Economies）を目指す動きが起きていました。NIEsとは、20世紀後半に急速な経済成長を果たした開発途上国・地域の総称で、アジアでいえば、韓国、台湾、香港、シンガポールといった国々を指します。

彼らに触発された私は、「これからはきっと東南アジアだって成長を遂げるはず」と考え、まずはマレーシアに渡ることにしました。マレーシアを選んだのは、たまたまマレーシア航空で働いていた友人から、クアラルンプール行きの航空券を安く入手できたからに過ぎません。

そのマレーシアで2週間、仕事を探したものの見つからず、北上してタイに行くことにしました。そしてバンコクで日本人駐在員向けの不動産斡旋業の仕事に就いたあと、半年して「このビジネスだったら自分でもできる」と考え、独立。そしてさらに1年ほどして「不動産斡旋業より人材紹介業のほうがお客様の役にも立てる」と判断して、現在の事業に切り替えました。そんなわけで本当に「成り行き任せ」なのです。

成り行きで始めたこのビジネスですが、私は幸いにして今でも続けることができています。日本人の中には、せっかくタイで事業を立ち上げても途中でやめて日本に帰ってしまう人も多い。しかし私はやめずに続けました。そして以後20年間、右肩上がりの成長を続けてきたタイという上りエスカレーターに私も乗り続けた結果、成長を遂げることができたのです。

最近、つくづく人材紹介業は感謝されるスパンが長い仕事だと感じています。先日も創業当時に日系企業への就職を斡旋したタイ人と20年ぶりに再会したのですが、彼はそれからずっとその会社で働き続け、ついに現地法人の社長にまで昇り詰めたのだそうです。私のことを忘れずにいてくれて、「あのとき紹介してくれたお陰です」とお礼を言われました。20年越しの感謝とは我ながらすごいと思いますし、何よりもうれしいものです。

日本人駐在員から感謝されることもよくあります。弊社は、例えばバンコクに進出してきたばかりの企業に対して、現地のオフィスビル情報を提供したり、駐在員の住居を一緒に探したり、美味しい日本食レストランを紹介したりといったことをごく当たり前のようにやっています。創業当時からのスタイルなのですが、とても喜んでいただけるうえ、結果的に弊社を贔屓《ひいき》にしていただけることにもつながっています。

タイ人は「仕事」ではなく「人」に付く

感謝の念を持って仕事をするのは、どこの国でも大事なことです。

日本と比べ、東南アジアは概して離職率が高いといわれます。当社で採用しているタイ人も、以前は毎年何十人もやめていた時期がありましたが、今では定着率が上がり、この数年間は60人中1人もやめていません。

その理由は、私自身が変わったことがいちばん大きいのだと思います。かつての私には、英語ができない現地スタッフを「努力や意欲が足りない」と、どこか見下すような気持ちがありました。しかしあるときから「一緒に働いてくれてありがとう」と感謝の念を持って接するようにしたところ、自然と相手もそれに報いるかのように、頑張って働いてくれるようになったのです。

特にタイ人は、ビジネスライクな関係より、むしろウェット寄りの関係を好むように思います。例えば、仕事が終わったあとに食事へ連れ出し、そこで家族の話を聞いてあげるだけで、その後の職場での関係性は全然違ってきます。お国柄によっては、上司が部下のプライベートに介入するような真似を嫌がるところもあるかもしれませんが、タイはむしろ逆なのです。

失敗も、頭ごなしに叱らず、相手の言い分も聞きながら指導します。すると「あぁ、この上司はいい人だな。この人のために頑張ろう」という気持ちになってくれるものです。タイ人は「仕事」ではなく、「人」に付くんですね。

確かにタイでは「ジョブホッピング」という言葉が普通に使われ、職場の居心地が悪ければみんなすぐにやめてしまいます。けれども従業員を慮った職場であれば、タイ人だって長く働いてくれる。そこは日本人と何ら変わらないと考えるべきです。

仕事のやりがいで、働く国を選べる時代

最近では、働きがいを求めて日本からタイに渡ってくる日本人もずいぶん増えてきました。当社でも創業当時は、日系企業にタイ人のスタッフを紹介する事業が中心でしたが、現在では日本人への就職斡旋も手がけています。

日本人求職者の中で多いのは、タイでの駐在経験のある人が、赴任期間が終わって帰国したものの、日本での仕事にやりがいを見出せず、再びタイに戻ってくるというケースです。

タイでは300人の従業員を擁する工場で工場長を務めていたような人でも、日本に戻れば部下が10人以下というようなことが頻繁に起こります。しかも少子高齢化で市場が収縮傾向の日本では、その10人さえもリストラの対象になりかねません。その一方、タイでは「300人規模の工場では生産能力が足りないから、新工場を造りましょう」といったポジティブな話が持ち上がるわけですから、どちらの仕事が楽しいかは、明白です。

こうした状況もあって、どこか鬱々とした〝お寒い〟日本に見切りをつけ、発展著しい〝熱い〟タイで働くことを選ぶ人が増えているのです。ちなみにこのケースでは、日本の

本社採用でタイに駐在する形ではなく、あくまで現地採用での雇用ということになります。今や、仕事のやりがいで働く国を選べる時代になったということですね。

この流れを受けるような形で、日本人新卒の現地採用も増加しています。日本の大手企業の現地事業所が、新卒を現地採用で雇用するケースも少なくありません。

ただ私自身は、母国での社会人経験がないままタイで働くよりも、1年でも2年でも、日本での就労経験があったほうがいいと思っています。日本人がタイの現地事業所に就職しても、右も左もわからない中、いきなりマネージャー職を任されたりするんです。もちろん、若いうちから重要な仕事ができるという意味では鍛えられるのですが、その半面、どうしても仕事のやり方が荒削りになります。さらにタイ人の従業員から見れば、明らかに自分よりも経験が浅くて仕事ができない日本人が、高い給料をもらって上司として振舞っているという状況は、面白いはずがないですよね。ですから、短期間でもいいから日本で基本的な仕事のスキルを身につけたうえで、タイに来ることを私はお奨めしています。

当社は2013年2月に、ミャンマーのヤンゴンにも事業所を出し、現地で人材紹介を始めました。ヤンゴンはちょうどバンコクの20年ぐらい前の雰囲気に似ていて、街を歩いているとは昔にタイムスリップしたような気持ちになります。ミャンマーでも国の発展に合わせて自分たちも一緒に発展していければと思っています。

ただし私としては、これ以上の新たな海外展開をしていくつもりはありません。規模を大きくするよりも、この会社に関わったみんなを幸せにすることを重視したいですね。従業員からは「この会社で働いてよかった」と思ってもらいたいし、お客様からは「あの会社に紹介してもらってよかった」と思っていただきたい。

私はこれからも、ご縁のあったこの土地に根づいて、事業をしていきたいのです。

インタビュアーの目線

自分は何もしていない。急角度で上昇していくエスカレーターから途中で降りることなく、乗り続けていただけで、自ずと成長できた、とあくまで謙虚に語る小田原社長。腰の低さは噂以上でしたが、その泰然自若としたスタンスがタイに馴染み、現地スタッフにも受け入れられる秘密なのではないでしょうか。会社での楽しそうな笑顔が印象的でした。

あとがき

最後までお読みいただき、ありがとうございました。『海外で働こう　世界へ飛び出した日本のビジネスパーソン』は、いかがだったでしょうか。

私はこの25人の取材を通じて、海外で活躍できる人材は、三つの力を備えていると感じました。

まず一つ目は、飛び込む力。二つ目は、自分で考え、意思決定をし、行動できる力。そして三つ目は、最後までやり遂げる力です。

実はこの三つの力は、ある機関が上場企業の経営者に行った「グローバル人材に求められる力とは何か」というアンケート調査の結果と偶然にも一致していました。企業から求められる力と、活躍している人材に共通しているこの三つの要素は、まさにグローバルに戦っていくために欠かせないスキルなのだと痛感しました。

あなたが望もうと、望むまいと、これからは海外で働くことが当たり前の時代がやってきます。今まで、東京から札幌や大阪、名古屋、福岡の支店に出張するのがごく一般的なことであったように、今後はバンコクやシンガポール、ジャカルタ、上海と、国をまたいだ異動や出張が、どの企業でも当然のように行われる時代になるのです。

そのときに大切になるのが心の持ち方です。同じ海外勤務も、本当はイヤだけど仕方なく行くのと、大きな可能性を感じて行くのとでは、モチベーションも、実際に現地で成し遂げられることも、まったく違ってきます。

この本に登場しているAbroadersたちの、たくましくもあり、また羨ましく思えるくらい充実した海外での仕事ぶりをぜひ参考にしていただき、次の世代を担うグローバル人材となるヒントを見つけていただけるとうれしいです。

最後に、この本の執筆にあたっては、前出のAbroaders25人から、まさに現地最前線のお話を伺うことで、活躍できるグローバル人材になるヒントをたくさんいただきました。ご多忙の中、お時間をいただいたみなさまにはここで改めて御礼申し上げたいと思います。

中でも、拠点が米サンフランシスコであるにもかかわらず、来日中のわずかな時間を頂戴した、デフタ・パートナーズグループ原丈人会長のアドバイスがあればこそ、この本に一本の太い幹ができたといってても過言ではありません。

そして、取材相手の懐に入った傾聴でインタビューをリードしてくださった垣畑光哉さん。アジア各国で印象に残る写真を数多く収めてくださったカメラマンの髙橋亘さん。人の内面的魅力まで引き出してくれたヘアメイクアップアーチストの横尾サチさん、長田恵子さん、豊田千恵さん、中山芽美さん、原稿を取りまとめてくれた福岡真理子さん。国内外に及ぶ頻雑な取材日程を調整しつつさまざまな場面でフォローをしてくれた、野﨑奈美さん、太田奈緒さん、長谷川嘉さん。計26人におよぶ取材がスムーズに進んだのは、ほかでもない、このチームワークのお陰です。本当にありがとうございました。

2014年3月

アブローダーズ事務局長
西澤 亮一

著者

西澤亮一（にしざわりょういち）

株式会社ネオキャリア　代表取締役
アブローダーズ事務局　事務局長

2000年4月新卒で投資会社へ入社。同年11月同期9名で株式会社ネオキャリアを設立。取締役就任。2年で赤字4000万円、一時倒産の危機を迎える。2002年、西澤を代表取締役として会社を建て直し、黒字化、急激なV字回復へと導く。現在は、「成長し続ける」という全社で掲げる思想の下、「人材・IT・グローバル」領域にて、世界を代表するサービスカンパニーの実現を目指す。2012年より人材紹介を中心に海外事業をスタート。国内18拠点、海外7拠点（シンガポール、タイ、中国、インドネシア、フィリピン〈セブ、マニラ〉、ベトナム）へ展開し、従業員数700名を超えるグループ企業として成長をし続けている。
世界最大級の起業家組織「Entrepreneurs Organization（起業家機構）」に加盟するEO Japanでは、第17期会長を務めた。

インタビュアー

垣畑光哉（かきはたみつや）

「ストーリーズ」代表
マネーコンフォート株式会社 代表取締役

立教大学法学部卒業後、外資系金融機関に10年間勤務し、多様なマーケティングを経験。1999年に独立の後、2001年にマネーコンフォート株式会社を創業する。以後10年以上にわたり、広告の企画制作や企業ブランディングに関わる一方、近年は各分野のプロフェッショナルや成長企業の経営者への取材コンテンツをウェブと書籍で発信するプロジェクト「ストーリーズ」を展開。国内外を取材に飛び回る日々を過ごす。著書に『これからの保険選び』『小さな会社のための「お金の参考書」』『10年後に後悔しない働き方　ベンチャー企業という選択』（すべて幻冬舎刊）がある。

海外で働こう
世界へ飛び出した日本のビジネスパーソン
2014年3月20日　第1刷発行

著　者　西澤亮一
発行人　見城 徹

発行所　株式会社 幻冬舎
〒151-0051　東京都渋谷区千駄ヶ谷4-9-7

電話　03(5411)6211(編集)
03(5411)6222(営業)
振替00120-8-767643
印刷・製本所:図書印刷株式会社

検印廃止

Printed in Japan
ISBN978-4-344-02556-1　C0095
幻冬舎ホームページアドレス　http://www.gentosha.co.jp/

この本に関するご意見・ご感想をメールでお寄せいただく場合は、
comment@gentosha.co.jpまで。

GENTOSHA